心一堂術

數古籍珍

本叢刊

書名：增補高島易斷（原版）附虛白廬藏日本古易占五種（四）

系列：心一堂術數古籍珍本叢刊 占筮類 第三輯 246

作者：【日本】高島吞象 等、【清】王治本中譯

主編、責任編輯：陳劍聰

心一堂術數古籍珍本叢刊編校小組：陳劍聰 素聞 鄒偉才 虛白廬主 丁鑫華

出版：心一堂有限公司

通訊地址：香港九龍旺角彌敦道六一〇號荷李活商業中心十八樓〇五~〇六室

深港讀者服務中心：中國深圳市羅湖區立新路六號羅湖商業大廈負一層〇〇八室

電話號碼：(852)9027-7110

網址：publish.sunyata.cc

電郵：sunyatabook@gmail.com

網店：http://book.sunyata.cc

淘寶店地址：https://sunyata.taobao.com

微店地址：https://weidian.com/s/1212826297

臉書：https://www.facebook.com/sunyatabook

讀者論壇：http://bbs.sunyata.cc/

平裝：八冊不分售

版次：二零二一年五月初版

心一堂微店二維碼

心一堂淘寶店二維碼

香港發行：香港聯合書刊物流有限公司

地址：香港新界荃灣德士古道二二〇~二四八號荃灣工業中心十六樓

電話號碼：(852)2150-2100

傳真號碼：(852)2407-3062

電郵：info@suplogistics.com.hk

網址：http://www.suplogistics.com.hk

台灣發行：秀威資訊科技股份有限公司

地址：台灣台北市內湖區瑞光路七十六巷六十五號一樓

電話號碼：+886-2-2796-3638

傳真號碼：+886-2-2796-1377

網絡書店：www.bodbooks.com.tw

台灣秀威書店讀者服務中心：

地址：台灣台北市中山區松江路二〇九號一樓

電話號碼：+886-2-2518-0207

傳真號碼：+886-2-2518-0778

網絡書店：http://www.govbooks.com.tw

中國大陸發行 零售：深圳心一堂文化傳播有限公司

深圳地址：深圳市羅湖區立新路六號羅湖商業大廈負一層〇〇八室

電話號碼：(86)0755-82224934

增補高島易斷（清刻漢譯原版）（四）

高島易斷

下經

下經　貞

心一堂術數古籍珍本叢刊 占筮類

一〇二四

大日本橫濱　從五位高島嘉右衛門講述

清　國寧波

東京　柳田幾作筆錄

王治本補正

䷰

澤火革

卦體澤滲下。火炎上澤動則上者欲下火動則下者欲上。上下相爭則不相得。

不相得則不能不革革之卦自革來。革象首言改改。猶革也。革反爲鼎鼎三曰。

鼎耳革。是鼎亦取革之象。革易位爲睽睽五曰噬膚革爲皮膚亦皮也。是睽亦

有革之義卦象兌澤離火上互乾謂之金生水下互巽謂之木生火合之謂金

克木。水克火上下相克。相克必相革。洪範曰金從革。兌西方之卦屬金故名其

卦曰革。

革已日乃孚元亨利貞悔亡。

革。改革也。已日者離象。納甲。離納已。已爲土。位居中。易道貴乎得中。過中則變。古
人以已有變更之義。儀禮少牢饋食禮。日用丁已。鄭注必丁已者。取其自丁寧。
自變更。是已有革義也。五常以土爲信。土即已也。將有改革。先示以信。已日者。
爲信孚於人之日也。故曰已日乃孚。離火生於乾二。兌金生於乾四。是卦從乾
來。故元亨利貞四德皆具。有孚悔亡。已日之功也。王弼曰。即日不孚。已日乃孚。
已讀作已。事過往之已。疏與正義皆從其說。然易中用甲用庚用日用月各有
精義。王說恐未然。

象傳曰。革。水火相息。二女同居。其志不相得。曰革。已
日乃孚。革而信之。文明以說。大亨以正。革而當。其悔

乃亡。天地革而四時成。湯武革命順乎天而應乎人。革之時大矣哉。

傳曰水火相息。火在澤下火不得上炎則水息其濕澤在火上。水不能下流則火息其燥息者。止而生也相制則止。相成則生息與孟子曰夜之所息同義二女同居二索三索皆從坤生故為同居離中女。兌少女兌上離下位既不當兌水離火性又不同故其志不相得必生其變所以為革然水火相克不相得必得土以調濟其中則革乃成而民乃信文明者離象也信說者兌象也。大亨以正者體夫乾之德也。如是而革得其當如是而悔乃可亡改過遷善。革在吾身也。去舊從新革在人時也弔民伐罪革在天位也革之為道不取義不取用惟在得時故曰革之時大矣哉。以此卦擬人事為澤為火是人事所必用也。中女少女是人事所恒有也水火者。燥濕殊性故用雖相濟。而適以相害二女而出自兌離亦各秉水火之性。故

初雖同居。而終不相得。是水火之窮。亦即爲人事之窮也。窮則不能不變。變則

革矣。夫生物者乾。成物者坤。坤爲土。惟土居中。能劑合夫水火之宜。惟土爲信。

能貫徹夫上下之交。象所云己日乃孚者道在斯耳。蓋革以信而行。以明而著。

以說而從。兌曰亨利貞。離曰利貞亨。合之謂革曰大亨以正。此其四德。亦即從

坤土而來。由是而革當由是而悔亡。皆己自之功也。凡人事之最要者。在先求

其孚也。有孚則有革。而若不見其革。仰觀天地。而歲時之變革著焉。遠觀殷周。

而國社之鼎革昭焉。事有大小。道無異致。人道也。天道也。君道也。皆可於革之

時見之矣。故曰大矣哉革之時也。

以此卦擬國家天下之變。勢爲之也。夫國家苟得久治久安。聖人豈不樂相安

於無事。何得好爲其變哉。惟法久則弛俗久則偷。因循日積醞釀成大亂。是以因

其變用其權。不得不與天下相更始者。勢也。然國家而至變革。犬事也。危事也。

急遽妄動則後先易升權制獨任則謗讟易興慮不顧後則難以圖終計不便

民即無以服衆。聖人蓋必爲之策其全。明以審之。說以順之。亨貞以成之。初則

時猶未至鞏用黃牛。而不嫌其固已日革之。而自得其吉三則

時當其革必三就以求其孚四則時處方革雖改命而自无悔五六時在革後。

大人則文明以治小人即順從以應。如是而革道成矣。觀夫殷周之興乃知革

命之自有眞焉曰順天孚在天也曰應人孚在人也。故殷周之革夏商天下信

其革說其革若有不知其革者也。按湯以乙卯興武以甲子興乙卯爲木合成

金土甲子木水合皆爲土據此知殷周革命時日而兼用土爻已日乃孚此明

證也至于四時變革。木金水火各主一時而土實分旺於中。亦可見土之力也。

象曰君子治歷明時惟君子爲得能其時之大者矣。

通觀此卦卦自困來。時窮世困天下之亂久矣。幸而出困入井井者養也。井象

曰改邑不改井。是知邑可改。而養不可改也。不可改故必先養其元氣待養之

既成而後可從事於改矣。故井先於革雜卦傳曰革去故也。鼎取新也。取新必

先去故故鼎後於革古來處革之世而善用其革者。莫如湯武湯武之革非湯

武爲之時爲之也。順夫天。應夫人天人交孚而革乃成矣。下卦三爻文明以革。

革

三

增補高島易斷

初爻未至已日。未可用革。二爻正中已日乃可用革。三爻革事已成。無容前往

矣。上卦三爻革而成說。四受天命。五正天位。六天下化成。无不說服矣。是水得

土而受革於人也。故象辭首曰已日乃孚以卦言之。則離革兌以爻言之。則陽

革陰。革之道首重夫信革。之事唯求其當。而所以革者貴得夫時。是以天地不

能未春而革夏。未秋而革冬四時之革。皆應夫時可革而革。此革之時。所以爲

大也。

大象曰。澤中有火革君子以治歷明時。

澤本有水之所變而有火。是亦天地之變象也。故曰革。君子法之。治歷者。推日

月星辰之遷易明時者。察分至寒暑之往來。故曰君子以治歷明時。歷者。天事

也。時者。人事也。是順天道而治人事也。晝夜爲一日之革。晦望爲一月之革。分

至爲一歲之革。即象稱所云天地革。而四時成之義也。

(占)問時運。譬如有水之處。忽而出火。是氣運之反常也。宜順時改變。乃吉。○問

戰征屯兵之地。防谿谷林木間着火。最宜謹愼。○問營商。兌爲金。金入火則金鎔矣。鎔耗之象宜遷地貿易。乃可无咎。○問功名。龍門變化燒尾之象吉。○問婚姻。卦體上澤下火澤有火。是水被火所制夫爲妻所制也。革者有出妻改娶之象。○問家宅。此宅防有火災急宜改遷。○問疾病。是腎水枯涸肝火上炎之症。宜改延良醫順時調養。○問訟事。此事本無中生有災自外來宜改易訟詞。揆度時日其辯自明其訟得直。○問六甲。生女凡占此卦皆女象唯出月過時。變則成男。

初九。鞏用黃牛之革。

象傳曰。鞏用黃牛不可以有爲也。

離爲黃牛。革爲牛皮。鞏揚子方言謂火乾也。是皮方去毛以火乾之。猶未成其革也。初居離之始。其象如之。革者本大有爲之事。初爻卑下。其時其地。皆未當革。其才與德。亦不足以任革。恰如取黃牛之革。始用離火以乾燥之而已。未可躁急而妄改也。象傳以不可有爲釋之。謂不可先時而革也。

（占）問時運。好運初來。猶宜固守。不可妄動。○問營商。商業初成。宜先立鞏固之

基。未可妄事更張也。問功名。初出求名。其才未充其時尚早。必待四五年後方

能變化騰達。○問婚姻。男女之年尚幼。未可擬親。俟三年後可以成就。○問家

宅。此宅新造。屋宇堅固。○問疾病。病是胃火微弱。脾土過強致中腹脹硬有類

黃疸之症。藥宜消積健脾以治之。○問訟事。必是健訟。未易斷結。○問六甲生

女。

（占例）某友來。爲攝綿土生意。願出資金與余合業。請卜一卦以決盈虧。筮得革

之咸。

爻辭曰。初九。鞏用黃牛之革。

斷曰卦體澤上火下。澤本爲水土之合。火又能生土。革者合水火以革土也。其

象與製造攝綿土適相符合。占得初爻爲生意。在發軔之始。爻辭曰鞏用黃牛

之革。黃中央之色。牛屬土。革皮也。土之外面亦稱皮。鞏。堅靱也。攝綿土者。取粘

土。和石灰。入灶。用火煅煉其中有水有土有火。合三者而革成之也。初爻事在

始謀。猶未可遽用其革。第示其象之堅靱。如牛革然。就爻而推論之。閱四年而

革可行。閱二年而革可成。四年人皆信用其革。五六年則革成之品。愈精愈美。

初時所云牛皮後。皆爲虎豹。而有文綵矣。爻辭詳明切合可信可喜。

六二。巳日乃革之。征吉。无咎。

象傳曰。巳日巳日革之。行有嘉也。

二爲內卦之主。居離之中。象所云巳日乃孚。二實當之。在象曰乃孚。是天人也

期其孚也。在爻曰乃革。是時會適當可革也。既孚乃革。不言孚而孚在其中矣。

二與五應。征者。往也。謂往應大人之命。以共啓文明之運。故吉而无咎。象傳以

行有嘉釋之。離爲火。火主禮。凡國家變革之事。要不外制禮之大法。周禮大宗

伯所謂嘉禮親萬民者此也。故曰行有嘉也。

（占）問時運行土運。可以興事立業大佳。○問戰征宜擇戊巳日行軍接戰必可

獲勝。○問營商。於攝綿土生意最宜。凡新立買賣必擇土日開市大吉。○問功

名。戊巳年必可成名。或交土運。○問婚姻可稱嘉偶。○問家宅。修理舊宅宜擇

土日。○問行人。戊巳日可歸。○問疾病逢巳日可愈吉。○問六甲生女。

（占例）縉紳某來請占氣運。筮得革之夬。

爻辭曰六二巳日乃革之。征吉无咎。

斷曰卦名曰革。去舊取新。重興事業之象。卜得二爻。其地位在適當改革之時。

知足下氣運正盛大。可有爲征吉征往也。二應在五。五在外卦謂當往外而從

五。自能獲吉。巳日者宜擇戊巳日起行前往无咎。

九三。征凶貞厲。革言三就有孚。

象傳曰。革言三就。又何之矣。

三四五三爻。皆言有孚。是就象傳乃孚之辭。至再至三。而申明告示以期其孚

也。三處離之終。二既行革。則革之成敗正於三見之。操切行革。反以招敗。故征

凶。革當大事。革而不從。適以啓禍。故貞厲。是驟革者。危。不革。亦危也。君子唯善

求其字而已。是以革之事。未行。革之言先布離爲言。當離互爻。故爲臣。就蕭牆。

庚遷殷。周公之告。多方多士。皆反覆詳明。不嫌其言之煩。唯期其民之言。

既三就。則我之誠意。可深入於民心。民於此時。當必有孚。舉如矣。或云三就者。

如左傳所云。政不可不慎。務三而已。一擇人。二因民。三從時得此三者。而天人

交孚矣。其說亦通。象傳以又何之釋之。凡占象如乾之坤之字。皆作變解。謂三

就而革。復有何變也。

(占) 問時運。當此有事之後。一不謹慎。則有凶危立至。宜再三籌度而行。方得衆

人信服。從此而往。時運大佳。○問戰征。兵凶事也。危事也。發軍之初。既宜體察

申明斯信。則人任往無不利也。○問營商。未計其盈。宜先防其虧。貿易之道以

信爲主。必得衆商信從。乃可獲利。○問功名。必三試可就。○問婚姻。得三以爲

媒。可成。○問家宅。宜三遷。○問訟事。始審再審至大審。三審乃直。○問疾病症

象本危。三日後可愈。○問六甲。生女。

（占例）某舊藩士來請占藩政方向筮得革之隨。

爻辭曰。九三征凶貞厲。革言三就有孚。

斷曰此卦澤水在上離火在下。火盛則滅水。水盛則滅火。象傳曰。水火相息。息
或作滅亦作生滅而復生。是即去舊取新之義也。故謂之革。今占得三爻。三以
陰居陽處離之終。按數成於三。三爻為適當革事之成。一革以後。為凶為吉。亦
在三爻知藩政之成敗。即在三爻時也。革言者謂用革之議也。三就者謂再三
酌議而行之也。如是則人心信從。而革乃无咎。否則驟革固凶不革亦危是明
示藩政之不可不革而亦不可驟用其革也足下其審愼之。

九四。悔亡。有孚。改命吉。

象傳曰。改命之吉信志也。

革而議之謂之言。革而行之謂之命。四爻出離入兌當改革之爻。象曰。譯而當。
其悔乃亡。四得專之。兌二曰孚兌吉。象傳謂孚兌之吉信志也。四爻曰有孚吉。

而象亦曰信志。謂舉大事動大衆。必先得民心。而後可大得志也。是革四爻。即

兑二爻。故其辭同。其象亦同改命者。必上膺天命下順人心。改玉改步鼎革一

新。是湯武之革命是也。後世託言湯武而妄思改命者。類皆滅亡。蓋革命必有

湯武之志則吉。無湯武之志則凶改命之吉專指湯武而言象傳曰信志亦謂

此也。

（占）問時運曰悔亡曰吉是災悔既亡。而吉運來也。萬事皆可改作尤不如志◯

問營商。必是舊業重興。大可得利◯問戰征改旆易轍重振軍令可以開國可

以關地可以轉敗為勝吉◯問功名改武就文可以成名◯問婚姻不利元聘

利重婚◯問家宅改作改造大吉大利◯問訟事災悔已退訟即平龍◯閨爰

物可尋得之。◯問六甲生女。

（占例）友人某來。請占氣運筮得革之既濟。

爻辭曰。九四。悔亡。有孚改命吉。

斷曰革者去故取新之卦。在人則衰運去而盛運來也。今占得四爻。如屈下起

氣運方盛。從前災悔已消。此後事業重新進。而謀事成就無疑但不利仍舊唯

利改作。故曰改命。命運也。人生命運五年一換爻取已日以土爲用信亦爲

土如丙子運後換入已丑土運正旺故吉凡平素不利之事。一經改革无往不

利矣後果然。

○明治二十八年一月三十一日。我軍陷威海衞清國北洋艦隊。擄守劉公島。

抗拒我軍二月五日筮得革之既濟。

爻辭曰。九四。悔亡。有孚改命吉。

此卦我爲內卦屬離火清爲外卦屬兌金有以火鑠金之象卦名曰革革者改

也。四爻正當變革之時以火器攻打鐵艦。令彼艦輪改變旗號歸命來降。是全

勝之占也。後果以水雷擊沈艨艟至十二日北洋艦隊悉皆來降。砲臺亦歸我

有。是大振虎變之威也。

九五。大人虎變未占有孚。

象傳曰。大人虎變。其文炳也。

五爻得坤氣。坤爲虎。兌屬正西。白虎西方之宿。故五爻有虎象。虎變者。虎之毛羽變而成文。愈變而愈美者也。五居尊位。故稱大人爲革之主。風虎雲龍變化莫測爲革之至盛至當者也。湯武革命即在此爻。未占有孚者。大人德懂慎隆。躬任制作將爲天下更新大啓文明之化。而天下之被其化者。卑己輸誠悅服。不敢或後所謂不疑何卜。無容質諸于鬼神。故曰孚在占先也。孚於人孚於天。是天與之人歸之有見其孚而不見其革者矣。上互乾乾爲大人。非甕道變化。各正性命之大人曷克臻此象傳以文炳釋之五處兌之中兌爲澤。爲金澤謂潤澤而有文也。金亦有文象。下應離火離爲光爲明其文更著。丙火爲離。丙即炳。故炳字从火从丙。

（占）問時運。如此大運非首出庶物之大人。不克當此。若常人占得此爻。必能洸前裕後。大振家聲。○問戰征。虎臣桓桓威聲早著。可不戰而來降也。⊙問營商。

白虎屬西方之宿。西屬秋防貨價至秋大有變動宜先訂定價自可獲利吉。◉

問功名。乾曰風從虎。雲從龍言各得其際會也。吉。○問婚姻俗以白虎爲不利。

婚事未占先孕。猶言未嫁而先從也。爲女不貞之象。○問家宅虎動亦不利。○

問疾病。虎屬寅。寅爲木。是必肝木振動之症。不占先孕。必不藥而愈也。吉。○問

六甲。象本生女。一變則爲男。

（占例）有某諸侯使其庶子嗣末家。末家者幕府旗下之士也。戊辰之變。旗下之

徒數百人。推末家爲隊長。將謀舉事其家臣五十餘人。多與其謀。於是本家憂

之。遣使促歸。且曰若不歸迄將藩。恐朝廷有疑于本藩。禍將不測。于是議論紛起判

成兩黨。一在促歸。一在不歸迄將一月議終不決。一日使人掘余應招而往。

兩黨數百之士。充滿藩邸。各述其意。余皆聞之。曰今日所謀之事實國家之大

事也。國家之大事關夫天數。非可以私心判決者也。不如問諸易占來咸以爲

是。乃筮得革之豐。

爻辭曰。九五。大人虎變。未占有孕。

斷曰此卦可謂適切今日之事者也。今日諸君之所論。一欲盡忠於慕府。一欲

奉朝命而爲國。非即象所云二女同居其志不相得者乎。在僕觀之卦名曰革。

是明示以用革之象。爻爲君位。辭曰大人虎變。大人者。謂應天承運之大人。虎

爲百獸之長變。即革也。明示其人爲當革之人。其時爲革之時。時既當革安得

不應天順人以應其革乎。諸君之論半皆泥于仍舊。不知卦之象專在去舊取新。

故知仍舊者非。故有慮革之而民弗信不知二爻三爻皆曰有孚。當未革而先

期其孚至五則革道已成矣。故曰未占先孚。且經此一革。不特大受信用。且將

率天下之民日進于文明之化行見重熙累洽。光被四表。即可見於此日也宜

速去此地以歸本藩。是僕所得天數之占斷也。兩黨之士聞之皆憮然無敢出

一辭於是主君大嘉余之占斷。即日整裝而歸。

上六。君子豹變。小人革面。征凶居貞吉。

象傳曰。君子豹變。其文蔚也。小人革面。順以從君也。

增補高島易斷

上爻居卦之極。有德無位。必是去位之賢大夫也。故稱君子豹飾大夫之服。故

曰豹變。蓋革之成。始于四整于五。終于上。是以五之聖君。既得顯虎文之燦。而

上之大夫亦得增豹變之華。小人細民也。面者向也。革面者向化也。言小人皆

潛移默化於光天之下。革面洗心。欣欣然而有喜色也。是之謂小人革面征凶

者。上與三應。上之征凶。亦即三之征凶也。謂大變既定。若復紛更。自取多事。必

如湯之昭德建中。惟期裕後。武之修文偃武。不復用兵。是即所謂居貞則吉也。

象傳以文蔚釋之。蔚深密之貌。豹隱處霧雨欲澤其身以成其文。猶言君子相

與于文明之治以增服飾之光也。

（占）問時運運當全盛光華顯著惟宜守成。無事紛更。○問營商創業以來有名

有利已臻美備此後宜知足謹守。○問功名上居卦之終。功已極勸令功成

身退所謂人死留名豹死留皮也。○問戰征軍用多取獸名兕甲虎賁皆用之

以煥其文而揚其威也。上六爻已終謂戰已定。宜罷兵退守不可前往。○問婚

姻。上與三應。九三陽也。上六陰也。三日三就有孚當再三遂合。自可成就吉。○

問家宅。爻位在上。其宅基必高曰征凶。知遷移不利曰居貞吉。知居之得安也。

○問失物。物已變革。尋亦不得。○問六甲。生女。

（占例）縉紳某來。請占氣運。筮得革之同人。

爻辭曰。上六。君子豹變。小人革面征凶居貞吉。

斷曰。此卦一變舊弊。改進文明之卦也。今占得上爻曰。君子豹變。君子者謂有

德無位者也。豹亦爲隱居之獸。正合貴下退位間居之象也。想蠱時贊襄維新

之治以成虎變之文。貴下固與有功焉。豹較虎而小。虎屬五爻爲君。知豹變即

指貴下。貴下之功績既著。文明亦顯。正可相與守成。無事多求。故曰征凶居貞

吉。貴下之氣運如是。正可安亨納福。

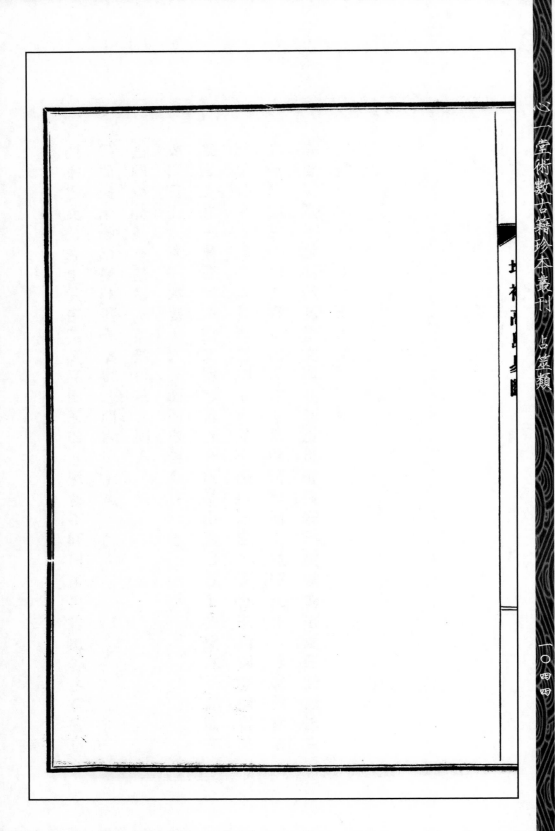

火風鼎

序卦傳曰革物者。莫若鼎。故受之以鼎。鼎者新命之象。昔禹平水土。九州攸同。

鑄九鼎以象九州。歷代寶之。夏亡鼎遷於商。商亡鼎遷於周。故三代革命以鼎

爲重器也。卦自革來。兌互乾金居上。火互巽木居下。有鑄鼎之象。本卦火上木

下。木能生火。有烹鼎之象。故其卦曰鼎。

鼎元吉。亨。

元吉亨者巽象曰小亨。離象曰利貞亨。畜牝牛吉皆不言元。卦下互乾乾備四

德元亨蓋自乾來。唯乾於四德外。亦不言吉。王弼曰吉然後亨。程子以象傳止

釋元亨。吉爲衍文。朱子從之。按鼎爲三代革命重器。凡薦神饗賓莫不用鼎。知

器之吉。莫如鼎用之吉。亦莫如鼎不得以象傳未釋。疑其爲衍也。竊意亨則无

不吉。象傳特畧之而已。

鼎

象傳曰。鼎。象也。以木巽火。亨飪也。聖人亨以亨上帝。

而大亨以養聖賢巽而耳目聰明柔進而上行得中

而應乎剛。是以元亨。

凡器莫重於鼎製器尚象。故曰鼎象也。卦體下巽上離離爲火巽爲風亦爲木。
中互澤水夔以木火是鼎鑊烹飪之象。聖人用之於祭祀烹犢以亨上帝用之
於賓客。大亨以養聖賢鼎者三足兩耳卦體初爻下陰爲足。二三四四陽象中
實爲腹。五陰爲耳。上陽爲鉉。是鼎象也。烹飪者鼎之用也。下巽順也。上離爲目。
五爲耳有內巽順而外聰明之象卦自巽來陰進居五下應九二之陽。故其占
曰元亨。亨帝養賢是極言鼎之用巽而耳目聰明。最極言鼎之德柔進而上行。
由巽進離也。離爲明。能明則通矣得中而應剛以五應二也。二中實有實則大
矣。是以元亨。此所以耳目聰明。三代盛王皆以鼎爲寶豈徒取尋常烹飪已哉。
以此卦擬人事卦體火上木下。中互金水。金以鑄鼎鼎以盛水鼎下以木火炊

之。爲之烹飪是古火食之遺制也。此爲人事飲食之常不可一日或缺者也。王者以鼎鼐之貴用以亨帝養賢而下民則爲承祭欵賓亦禮所不廢。或椎牛奉祭感切露霜或殺雞歡留情殷信宿。蓋其眞誠之意有假器而形之者也。按玉篇云。鼎所以熟物器也。說文云。鼎三足兩耳和五味寶器也。乃知鼎爲調味之具。凡味之變。水最爲始。五味三才九沸九變火爲之紀時徐時疾無失其理鼎中之變。精微纖妙。口弗能言志弗能喻。要其運用無過調火惟離得烹飪之功惟巽得緩急之用。離火火之功藉木而著。火之用藉水而濟遇木則生明遇水則有聲生明則目可視有聲則耳可聽。鼎以離爲目以五爲耳是內巽順而外聰明也。故曰巽而耳目聰明柔而上行中而應剛鼎有此二德。而鼎所以日用日新其道乃得大亨也。人事之欲舍舊從新者皆當取法於鼎焉。

以此卦擬國家古者鑄鼎象物恊于上下以承天休有德者得之昏德者失之。是鼎以德爲去留故君子必正位凝命以保此鼎也。推之調和五味鼎之用在烹飪也。大武一斛鼎之尊在亨帝也。盛饌四簋鼎之隆在養賢也。而能保守此

鼎而不失者則唯在夫德。德足應天。而天愛其亨。德能養賢。而賢受其養。然桀

有鼎而遷於商紂。有鼎而遷於周。謂鼎無靈也。而儼有靈矣。鼎無耳而能聽。鼎

無目而能視。天下之物。聰明者莫鼎若也。故曰巽而耳目聰明。柔而上行者。由

巽而進離。離上炎。故曰上行。中而應剛者。中虛以應二。二有實。故曰應剛。是鼎

之所以成鼎。爲帝王所世寶者。在此矣。中天之世。所謂明四目。達四聰。總不外

此其耳目聰明之用也哉。

通觀此卦。井取用於水。鼎取用於火。故井鼎二卦。爻象相似。蓋井以坎水爲主。

下象井。而上象水。鼎以離火爲主。下象鼎。而上象亨。井汲在上。故坎居上。而上

卦多吉。鼎烹在上。故離居上。而上卦亦多吉。二卦居革之間。井革則修鼎。革則

遷鼎者新也。有王者興。必以鼎爲受命之符。特牲告廟。酒醴饗賓。心之誠禮之

隆。無不以鼎爲重焉。巽而耳目聰明者。即所謂亶聰明。作元后。是也。其命維新。

其道大亨。其化則柔而上行。其德則中而應剛。其器也。則崇廟亨之。子孫保之。

所願萬世有道而不遷也。

大象曰。木上有火鼎。君子以正位凝命。

木上有火爲木生火之象。即烹飪之用也。蓋鼎寶物也。三代以鼎相傳鼎之所在。即天命之所歸君子所以正位凝命也。位君位也。命天命也。君子履中居尊。正位而不使之傾。凝命而不使之渙。是所謂恭己以正南面篤恭而天下平也。易大象言天命者二。大有曰順天休命鼎曰正位凝命。大有以遏惡揚善故命貴夫順鼎以亨帝養賢故命取夫凝要即中庸所云大德者必受命是也。

（占）問時運。木上升火上炎。有日進日上之象。大可成事立業。○問戰征踐主帥之位率三軍之命正有如火如荼之勢。馬到功成。此其時也。○問功名貴不可言。○問營商木生火鼎烹物得其自然之利。可不勞而獲也。○問家宅防有祝融之災。宜謹慎。○問疾病必是肝火上冲之症。宜以洩肝順氣治之。○問婚姻。爻爲相生。鼎爲重器。必是正配又得內助。○問訟事。火勢正旺。一時未得罷休。宜定心安命。自然得直。○問六甲。生女。

初六鼎顚趾。利出否。得妾以其子。无咎。

象傳曰鼎顚趾。未悖也。利出否。以從貴也。

爻體巽爲股。初在股下。故曰趾。上應九四則顚矣。初至五爲大過。大過顚也。故

初爲顚趾。按少牢饋食禮雍人槪鼎槪滌也。所以去其宿垢趾顚則鼎倒而垢

自出否。即垢也。故利出否出否不得謂悖爻體三之五。五互兌。兌爲妾鼎爲器主

器者長子。故有得妾以其子之象。主器是以謂貴无咎者。蓋因敗成功以賤得

貴也。陸氏希聲曰顚趾出否雖覆未悖。猶妾至賤。不當貴以其子貴故得貴焉。

春秋之義。母以子貴是也。

(占)問時運有因禍得福轉敗爲成之兆。○問營商。初次小損。後獲大利。且有商

地成家之象。○問功名。有榮封之喜。○問家宅。此宅牆基有壞。修之獲吉。且必

出貴子。○問婚姻宜賦小星。必生貴子。○問疾病。腹有宿積。利在下瀉无咎。○

問六甲。生男。宜於庶出。

（占例）縉紳某來。請占伊夫人之病筮得鼎之大有。

爻辭曰。初六。鼎顚趾利出否得妾以其子无咎。

斷曰爻辭爲顚趾出否是因鼎中有積汚倒鼎而出之也論之病體謂胸有積塊宜下瀉之。在婦科或有血瘕等患當破血以下之不可作懷孕論也今占夫人之症得此爻象知其病在子宮因房事過度子宮受損宿穢未清急宜調治。用法洗滌但治療後防生育有礙須另覓小星據爻象必有貴子可得縉紳感悟果蓄妾而得子。

九二。鼎有實我仇有疾。不我能即吉。

象傳曰鼎有實愼所之也我仇有疾終无尤也。

實者鼎之實即爲鼎中之肉陽爲實陰爲虛二爻陽實位當鼎腹是鼎有實之象。故曰鼎有實則可亨上帝可養聖賢古之人爵高祿厚。每多不免凶禍是由仇即我也。二應在五。爲三四兩陽間隔故曰我仇有疾仇者害我者也。疾者惱

我者也。二自守堅固不相比附。故曰不我能即。人能守正。不正者不能就所以

吉也。鼎之有實猶人之有才當愼所趨向。斯不陷於非義。故象傳以愼所之釋

之。謂一鼎不能動則萬夫廢。一心不可動則萬議息。愼所之之謂也。終无尤也。

无尤乃所以得吉也。又曰疾字。有妬害之義。入朝見疾是也。小人之爲害也。必

託爲親愛以伺其隙。在我旣志潔行芳。嫉我者自無隙之可乘。不能即而害之

也。

(占)問時運運途正直。奸邪自遠。无往不吉。○問功名實者實獲也。名成之後。多

有忌嫉之者宜愼防之。○問營商曰鼎有實即所謂囊有財也。宜防匪人盜竊。

○問婚姻。二與五應五變爲妬。妬日勿取女。仇怨耦也。不我即是不取也。○問

家宅實者富足之家防仇人窺伺。○問疾病陽爲實是實熱之症。宜對症調治。

吉。○問六甲生女。

(占例)明治十二年。夏。大阪豪商藤田傳三郎。中野梧一兩氏被疑見拘護送東

京。當時各新聞怪二氏拘留。喋喋評論。一日有友來訪請占二氏禍福筮得鼎

之旅。

爻辭曰。九二。鼎有實。我仇有疾。不我能即。吉。

斷曰鼎爲大器。未易搖動者也。今鼎中有實。是愈重而不可動也。藤田中野兩

氏正當其象。動之者爲司法官。今司法官有疾。不能展其力。則欲動而卒不能

動也。是謂我仇有疾不我能即。兩氏之獄。想即日可解脫也。旣而果然。

○一日友人某來曰近日有氷人來。爲余說親請占此女娶之如何筮得鼎之

旅。

爻辭曰。九二。鼎有實。我仇有疾。不我能即。吉。

斷曰鼎有耳目聰明之象。又內卦巽爲長女。其色白。外卦離爲明。爲麗。其女必

有才智且有美色。然曰鼎有實。恐胎已有孕。則有外遇可知也。至此女有妊。兩

親必未之知。即氷人亦必不知也。足下冊須道破婉言辭謝之可也。某果善辭謝

之。後聞此女所嫁。即爲外遇情郎。未匝月而產。後某每面予談論此事贊易理

之靈妙也。

○明治三十一年。占英國與獨國交際。筮得鼎之旅。

爻辭曰。九二。鼎有實我仇有疾不我能即吉。

斷曰鼎爲調五味之器能使味之不和者終歸於和也。今占英獨兩國交際得

鼎之二爻。二與五應。當以二屬獨以五屬英。二五陰陽相應。可見英獨相親。但

爲四爻障礙其間。故兩國意志不能相通。必待四年後。四爻障礙退去。兩國自

得相親也。象傳所謂慎所之言當謹持其向往。終无尤。自可得免其釁害。按英

國以多年積累之功。建成霸業。孛國先帝維廉聯合比鄰小國征諾威墺地利。

克服佛國。因此構怨於墺佛兩國。恐兩國潛圖復讐欲借獨國之勢聯絡保護。

是以不得不結好於獨也。此兩國交際上之密意也。

九三鼎耳革其行塞。雉膏不食方雨虧悔。終吉。

象傳曰。鼎耳革。失其義也。

毛西河云。凡鼎旣實則以鉉貫耳扛近食前。儀禮所謂扃鼎是也若未實則撒

鉉脫耳謂之耳革。凡物皆以足行耳行耳革則不能舉之而行。故曰其

行塞上離爲雉下巽爲雞雞亦雉類雉入鼎烹故曰雉膏雉膏食之美者也。鼎

之行旣塞雉膏雖美人不得而食之矣。三動成坎坎爲雨雨初之三爲睽睽上曰。

遇雨則吉睽上互坎雨皆取象於坎耳方雨乍雨也雨之潤者謂之膏雨喩言

雉膏之芳潤也坎爲破亦爲悔故曰虧悔謂有此美味而不得食舉鼎者能無

悔乎悔則思變將耳之革者不革而行之塞者不塞始雖悔終則吉矣古帝王

鑄鼎象物以爲世寶鼎因一成而不易舉鼎之制亦一成而不改今欲以舊鼎

變新鼎妄革其耳革至一步不能行。故曰失其義也。井鼎九三皆居下而不用。

井三井渫不食鼎三雉膏不食君子能調和其食而不能使人之必食此卦三

雖欲革耳五能以金鉉寶之雖始有悔終乃得吉也。

（占）問時運運非不佳但妄意變改以致所行輒阻是以有悔也。○問功名目下

雖美不售改就他途反多災悔。○問營商業有改遷致貨物呆滯須俟三年後。

可復興也。○問戰征兵隊有變恐糧食被刧。○問家宅此宅兩廂房防有變動。

或有火災。遇雨得救。○問婚姻。恐有悔婚改適之變。所謂失其義也。○問六甲。生女。

（占例）明治二十年春。晤某貴顯。徧論在朝諸公。余曰若某公者。今年可登顯秩。貴顯曰子何知之。余曰余每年冬至日。占問在朝諸公運氣。故得知之某公今年運當鼎之未濟。

爻辭曰九三。鼎耳革。其行塞。雉膏不食。方雨虧悔終吉。

斷曰三爻以陽居陽。才力俱強。與四相比。四爻亦陽。兩陽故不相親。三以位不得中。與五亦不相應。故耳革而不能受鉉。遂致淹塞而不行也。雖鼎中雉膏之美。終不得而食之。喻人有濟世之才。無以舉之。終不能展其抱負也。方雨者如大旱得雨。足慰民望民之待澤。無異旱之待雨。所謂斯人不出。如蒼生何。故始之悔虧。終乃得吉也。某公今年運途其象如此。是以知其必得升用也。但嫌三爻陽剛過甚。太剛必折。防有不測之災。某貴顯聞之深感易理之妙。後某公果升封伯爵。榮擢顯要。翌年某公猝遭暴變。致有刖足之患。應在四爻鼎足折之兆。

九四。鼎折足。覆公餗。其形渥。凶。

象傳曰覆公餗。信如何也。

鼎三足。象三公案。九四辰在午。上值紫微垣。三師。隋百官志曰。三師之不主事。不置府僚與天子坐而論道。蓋貴戚近臣也。四下與初應。初爲趾體大過爲顛。四震爻。震爲足。上互兌。兌爲毀折。故初之趾顛至四則足折矣。鼎之所以安定不動者在足。足折則鼎倒。凡二之實。三之雉高皆爲之傾覆矣。故曰覆公餗餗。

釋文以爲键周禮以爲糝要皆爲鼎實而已。形渥鄭作刑劇案司烜邦若屋誅。註云屋讀如其刑劇之劇謂所殺不于市而以適甸師氏者也。蓋就屋中刑之也。服虔云周禮有屋誅。大臣于屋不露也。四位比近五。蓋謂大臣鼎之折足。喻言臣下曠官如手足。足折則臣道失矣。誅之于屋。凶之極也。象傳曰。信如何者言四不勝其任咎有自取。無可如何也。

增補高島易斷

（占）問時運。運途顛覆。小則損折大則刑戮甚爲可懼。○問戰征有損兵折將之

禍。○問功名未成者難望已成者必敗。○問營商資財覆滅且有身命之憂。○

問婚姻必男女均有足疾且於家道不利。○問家宅有棟折榱摧之患。○問疾

病。必是足上患瘡難保完體。○問訟事凶。○問六甲生女防有殘疾。

（占例）明治十五年七月朝鮮國京城內變殺戮大臣并逐我公使蓋由其大院

君之唆使也。飛報達我國朝野爲之騷然某貴顯過舍請占筮得鼎之蠱。

爻辭曰。九四鼎折足覆公餗其形渥凶。

斷曰鼎三足。象三公折足則三公有變。正今日朝鮮之謂也。四位近五。是爲君

之近臣。有專攬大權之象。繫辭傳所謂德薄而位尊知小而謀大力小而任重。

鮮不及矣。大院君當之焉。覆公餗者餗鼎之實也足折則鼎中之實傾覆無餘。

言朝鮮變起其府庫之資財必皆耗散矣。其形渥者形渥讀作刑剭謂重刑也。

大院君以君父之尊。縱得免刑。恐遭幽辱。四爻變則爲蠱蠱者惑也。三虫在皿。

有互相吞噬之象是即開化守舊事大三黨。互相軋轢而起蠱幸朝鮮當陸賢

明。得九二賢臣相輔。不至覆國。幸矣。貴顯。聽之。唯唯而去。後大院君果爲清班

幽。國王親政。

六五。鼎黃耳金鉉。利貞。

象傳曰。鼎黃耳。中以爲實也。

五偶畫居鼎端。象鼎黃耳。鼎上卦離。離爲黃。故曰黃耳。鉉與扃通。所以貫鼎而舉

之也。按鼎之制。天子飾以黃金。諸侯白金。五爲君位。宜用金鼎。故鉉爲金鉉。利

貞者。鼎爲國之重器。利在正固而不動。舉鼎者。亦當以正固之心臨之。使无顚

覆也。掣一鼎者。聽於耳。掣天下者。聽於君。耳爲一鼎之主也。

象傳曰。中以爲實者。中謂鼎耳中虛貫鉉。則可舉而鼎之實。乃有以享上帝養

聖賢是也。二三四實在鼎腹。五之實上鼎耳也。

（占）問時運。運途貴重。貞守得福。○問功名。大貴之象。○問營商。信息明亮。販運

便捷。可獲厚利。○問戰征。防有洞胸貫耳之災。○問婚姻。黃耳金鉉。貴兆也。主

聯姻貴族。○問家宅富貴之家。○問六甲生女。

(占例)某商人來。請占氣運筮得鼎之姤。

爻辭曰六五鼎黃耳金鉉利貞。

斷曰鼎者國之寶器其用則能調五味以供饗亨也。今足下占商業得鼎五爻。

觀爻辭之意謂鼎有耳必貫以鉉可以舉動。喻言商業有利必得其術可以謀

獲黃耳金鉉珍貴之品。喻言其利之厚也足下得此爻財運盛大正可喜也。

○明治三十一年占改進黨氣運筮得鼎之姤。

爻辭曰六五鼎黃耳金鉉利貞。

斷曰鼎之樞紐在耳耳之樞紐在鉉。摯其樞紐雖九鼎之重可以舉而行也。今

占改進黨進步得鼎五爻。曰黃耳金鉉鼎耳有鉉。則鼎可扛。喻言黨中必有首

領則黨議可行也。按改進黨素與自由黨不恊。今茲兩黨連合得竝入于議會。

是以能達其意旨可謂得其樞紐者矣。但其事要以正爲利耳不正則終有不

利。爻辭詳明親切如此。後兩黨果以聯合得竝立于政府。然兩雄不竝立未旣

又因兩相猜疑遂生傾軋四閱月而復罷斥此在不審利貞之旨也。

上九。鼎玉鉉。大吉无不利。

象傳曰。玉鉉在上。剛柔節也。

上居外卦之極。一陽橫亙于鼎耳。有鉉象。玉之爲物。其性堅剛。其色溫潤。上以剛居柔。其德似之。故以玉爲鉉。或謂上處卦外。是爲就養之聖賢而无位者也。

按鼎之飾。各有品級。天子黃金。諸侯白金。大夫銅。士鐵。五曰黃耳金鉉。此爲天子之鼎。上无位。特以玉鉉別之。集解引干寶曰。玉又貴於金者。是其旨也。象傳曰。玉鉉在上。剛柔節也。上謂在六五之上。節者適均之意。言上與五。金玉相配。剛柔相濟。得以成鼎養之功。故大吉无不利也。

（占）問時運。溫潤和平。无往不利。○問戰征。六師旣張。進无不克。大吉。○問功名。位超鼎鉉。大吉。○問營商。美玉待沽。其價必善。无往不利也。○問婚姻。如金如玉。大吉。○問家宅。此宅地位甚高。大吉。○問疾病。恐是耳痛之症。○問六甲。生玉。大吉。

女。

（占例）縉紳某來。請占氣運筮得鼎之恒。

爻辭曰上九。鼎玉鉉大吉无不利。

斷曰鼎以火爲用。下象鼎而上象烹其功用在上。故上卦多吉今足下占氣運。

得鼎上爻。象爲鼎鉉鼎重器也。玉。寶物也。以玉飾鉉以鉉扛鼎。則鼎可舉而養

可及於天下矣。喻言人得其運則運亨時來。剛柔相濟所作所謀无不大吉大

利矣。

䷲ 震爲雷

震字从雨辰聲。說卦曰動也。雜卦曰起也。卦體二偶爲坤。一奇爲乾坤陰在上。乾陽在下陽伏而不能出陰迫而不能乘於是乎震。是所謂雷出地奮也。故其卦曰震爲雷。

震亨震來虩虩笑言啞啞震驚百里不喪匕鬯。

說卦曰萬物出乎震震東方也。按說文東動也。陽氣動物於時爲春。春爲四時之始。是即乾元之始而亨者也。故曰震虩虩恐懼也。啞啞和樂也。震爲笑亦爲言。謂震之發而爲怒則可懼震之發而爲喜則可樂。故曰震來虩虩笑言啞啞。震爲諸侯諸侯受地百里震又爲驚衛。故曰震驚百里震爲鬯鬯祭器匕按詩有捄棘匕註以棘爲匕所以載鼎肉升諸俎也。謂當承祭之時。心存誠敬雖有迅雷驟作不能奪其所守。故曰不喪匕鬯。

象傳曰震亨震來虩虩恐致福也笑言啞啞後有則
也震驚百里驚遠而懼邇也出可以守宗廟社稷以
為祭主也。

震體本坤靜極生動乾以一陽來為坤二陰所掩奮激而出其象為雷其德為
動陽氣奮發通達無阻故曰震亨震有二義震在人者為恐懼震在天者為震
驚所謂迅雷風烈必變雖聖人亦時凜天威是即昭事上帝聿求多福之誠故
曰恐致福迨至雷止氣和萬物得生人心亦為一快神清體適言笑宴宴不改
其常所謂言而世為天下則也故曰後有則一日震得乾元後有則者即乾
元用九乃見天則亦通總之虩虩啞啞上天以威福並行聖人以憂樂相感不
傷天地之和自得生成之樂蓋虩虩者應乎震也啞啞者得其亨也震驚百里
者謂雷聲聞百里雷之出地邇而聞聲者遠遠尚畏懼邇更警惕也震為長子
足以主器出者君也謂君出而長子得以守宗廟社稷以為祭主祭主夫敦長

子肅宮雍廟。雖當事變猝來。要不失奉匕執匕之誠也。此皆處震之道也。卽

亦法天而已矣。

以此卦擬人事。玉藻云。若有疾風迅雷甚雨則必變。雖夜必與。君子恐懼修省。

無時不敬。而遇變則尤加謹。若小人平居放逸。本无儆儆震驚之意。一旦雷霆

震怒聞聲畏悚。不能自持甚至一擊亡命者亦間有之。又安望恐以致福哉。蓋

震雖爲天道之變。而實由人事所自召天未嘗於聖人而加寬亦未嘗於常人

而加嚴。惟震來而能致其敬斯震退而不改其常則噫噫之樂。亦卽從儆儆而

來。遇變而可以求福者。處常而卽可以爲則也。地有遠邇。敬無先後。故曰驚遠

而懼邇也。震者動也。動必有靜震者起也。起必有伏。是卽人事動作起居之要

旨也。人事之大莫大於敬神格祖奉匕舉匕一一以誠心將之。而不敢隕時有

變而心則定。事可懼而神則安。非中心誠敬烏能如是哉。

以此卦擬國家。帝出乎震。震者乾之長子足以代君父而宣威賜福也。天震爲

雷。帝震爲怒。洪範所謂帝乃震是也。昔武王一怒而天下安此卽震亨之義震

Reading right to left columns

為威震亦為仁。上天雷霆奮作。而雨澤隨之。一時群陰攝服百物暢生。凜其威

者。魂飛而膽落。被其恩者。食德而飲和。是虩虩啞啞之象。其即由此而形也。聖

王體乾出治。能令群黎畏其威。亦必令群黎懷其德。諸侯之封地百里。威德所

暨。始於百里訖于四海所謂近悅遠來。誠有不限於方隅者矣。震于四時為春。

于五行為木。一秉天地之生氣。天地以好生為德。王者以愛物為心。巍巍蕩蕩

之德。即在兢兢業業之中。可以為下民造福。亦可為後世垂則也。守宗廟社稷

者。人君之事。君出則長子主器。雖未成為君。即可承君父之德位以為祭主。正

義。謂即釋不喪匕鬯之義。

通觀此卦。此卦次鼎序卦傳曰。主器者莫若長子。故受之以震器者。鼎也。革命

既定必建長子繼體承乾。故曰主器也。震得乾元剛陽之氣。

應時迅發。其威怒一擊者天行之健也。其發育羣生者資始之德也。故聖人以

兢業為无為以好生為神武。虩虩啞啞理本一致。以虩虩者凜天威。而心不敢

肆以啞啞者承天德。而氣得其和。是即震雷春發秋藏之旨也。上互坎。坎為憂。

故有恐懼之象。下互艮。艮爲順。故有和悅之象。艮爲宗廟。爲社稷。故有宗廟社

稷之象。震爲出爲守。故曰出可以守。震爲祭。故曰爲祭。震之爲卦。由鼎出震。

鼎取其新。是靜而變動。由震反艮。艮取其止。是動而變靜。動者聲聞百里。靜者

敬主一心。是以可致福。可垂後。可驚遠。可懼邇。可以祭。而不至喪失也。

謂能善處夫震者矣。至六爻之義。各應其時。初秉一陽爲震之主。匹歪巽爲春

夏之交。雷始發聲也。三至離。四至坤。五至兌。上至乾。陽氣伏而震道終焉。其證

皆兩兩相對。初與四對。初乘剛。四溺柔。故四之泥。不如初之吉。二與五對二爰

貝五有事。故二之勿逐。不如五之无喪。三與上對三蘇蘇。止蘇蘇。故上之征有

凶不如三之行无眚也。大抵處震之道。以恐懼修省爲主。除初爻之外。皆不得

處震之道。故彖傳之辭。惟初得專之。

大象曰。洊雷震君子以恐懼修省。

洊者再也。上下皆震。故謂洊雷猶坎之曰習坎也。雷者天地感怒之氣。陰陽搏

擊之聲令人聞而悚然色動非僻之念為之一消故震來虩虩无不恐懼然恐

懼在一時修省則在平日君子無時不敬當震而加謹即震退而返省自脩不

致或懈喜怒哀樂皆與天準惟恐檢身不及致于天變故以心存恐懼者仰凜

天威亦以行加修省者敬承天道謂之君子以恐懼修省

(占)問時運運當發動防其過盛宜謹慎歛抑可免喪失○問戰征有連日接戰

之象須臨時知懼○問營商震雷出滯滯者積滯也謂積滯貨件一時皆得出

而消售象曰洊雷震知有一二番好賣買也○問功名雷者升發之氣洊雷則

有連捷之象○問家宅宅基防有動作上爻曰于其隣必近隣有興造之役宜

祭禱○問婚姻震為長男旁通為巽巽長女佳偶也○問疾病是肝木太盛之

症防有變動可懼○問六甲生男○問失物一動乃見

初九震來虩虩後笑言啞啞吉

象傳曰震來虩虩恐致福也笑言啞啞後有則也

虩虩者驚顧之狀。啞啞者笑語之聲。初爻以陽居陽。得乾之剛。爲成卦之主。故

得係象之辭。謂能臨事而懼。後事而樂。虩虩啞啞。任天而動。與時偕行。所謂時

然後笑。時然後言。啞啞之中。仍不忘虩虩之意。爻辭添一後字。其旨益明。君卻

謂致福也。凡天下之理。宴安每多召禍。危懼自能致福。象傳曰。恐致福。謂恐懼

戒慎。可以轉禍而招福也。又曰。後有則則即乾元之天則。謂樂得其時。是能與

天合則也。此爻變則爲豫。豫者樂也。亦有笑言啞啞之象。爻中震有二義。初四

兩爻皆以陽震陰爲震動之震。二三五上四爻。皆受震者爲震懼之震。

（占）問時運好運新來。萬事皆可振作。先難後易。先憂後樂。百般獲吉。○問職征。

初時敵勢奮勇可懼。後得勝捷可喜。○問營商。商業新興。百般可懼。待經營成

就既獲利益隨時歡樂。无不得吉。○問功名。諺云吃甚苦中苦。方爲人上人。自

有先難後獲之象。○問家宅。此宅防有變動。其象爲先號後笑。可以无咎。○問

婚姻。此婚始有憂懼。後得歡樂。吉。○問疾病。先危後樂。勿藥有喜。○問六甲。生

男。

（占例）友人某來。請占氣運。筮得震之豫。

爻辭曰。初九。震來虩虩。後笑言啞啞。吉。

斷曰震者雷霆之氣。奮出地中鼓舞元陽發生萬物震來者動而乍來也。虩

者聞其聲而懼也。啞啞者被其澤而悅也。卦當春夏之交。為雷乃發聲之時也。

今占得初爻。知足下時運正得春氣透發之象。奮身震作。大可有為萬事始起。

保无險難所當謹慎恐懼以圖厥始。其後坎險悉平。自得言笑之樂。此爻動體

為豫所謂凡事豫則立者此也。且豫者悅也。亦有笑言啞啞之象。吉可知也。後

果如所占。

○某來。請占目前米價輸贏。筮得震之豫。

爻辭曰。初九。震來虩虩。後笑言啞啞。吉。

斷曰爻辭曰震來虩虩。知一時米價變動大有陡漲陡落之勢。輸贏頗巨大為

可懼足下占得此爻。知現市米價足下必大受驚恐。須待震定價平足下自可

得利笑言啞啞。啞樂何如也。後果如此占

増補高島易斷

六二。震來厲。億喪貝。躋于九陵。勿逐。七日得。

象傳曰。震來厲。乘剛也。

二得坤體。居內卦之中震來者。與初爻辭同。威聲愈激故曰厲億歎辭坤東北
喪朋震東方震出則坤之朋喪二貝爲朋喪朋即喪貝也古者十朋五貝皆用
爲貨是貝爲重貨震爲陵。初居陽九。故曰九陵。二據初之上。故曰躋於九陵。震
爲逐。坤喪其貝。震二逐之。不知窮通得失自有定數。逐之而得不逐亦未始不
得也。故曰勿逐。震下爲復。復曰反復其道。七日來復謂陰陽之數。各極于
六至七則相對而衝之。則反。反則喪於前者可復得于後也。故曰七日得。是復
之內卦。本爲震也。復曰朋來无咎朋即爲貝。來即爲得。象傳以乘剛釋之謂六
二陰柔下乘初爻之剛以致喪其資貝。故有震來厲之危。

(占)問時運運途尫尨。不無喪失。幸可復得。○問營商得失相價。然亦危矣。○問
功名。既得患失。既失患得品亦卑矣。○問戰征。一受驚恐糧餉俱失。移營高阜。

危殆已極。幸而得之。未爲勝也。○問婚姻。主夫妻不睦。防有捲資潛逃之患。無

須追究。緩即來歸。○問家宅。防有凶盜刧掠之禍。所失尙可復得。○問疾病。疾

勢頗危。七日後可愈。○問失物。不尋自得。○問六甲。生男。

（占例）知友益田孝氏舊幕臣也。嘗留學佛國。歸爲騎兵指圖役。時競議攘夷洋

學之徒。屢及暴擧氏乃避地橫濱。余聘爲通辯。明治元年五月。氏不告而遁。余

深憂之。爲卜一課。筮得震之歸妹。

爻辭曰。六二震來厲。億喪貝。躋于九陵。勿逐七日得。

斷曰此卦初爻之雷。起而奮擊。二爻爲雷所震。驚畏難而遁高邱之象。謂之震

來厲。億喪貝。躋于九陵。震者東方之卦。必在東京。大受驚恐。致捨財遠遁。七

日之後當必歸來。一時衆人聞此占辭。疑信參半。後益田氏果七日而歸問之

乃知爲上野戰爭。官軍警備嚴密。氏不得已迂道而遁。爻辭之言。一一如見。

○華族隱居某君來曰。今因有切要之事。吉凶未定。請幸占之。筮得震之歸妹。

爻辭曰。六二震來厲。億喪貝。躋于九陵。勿逐七日得。

斷曰震爲長子主器卦象上下皆震是必兄弟有變爲競爭家督之象觀君相

貌魁梧年未三十己稱隱居必由家政多故迫而退隱不言可知也今占得二

爻二被初剛所震致喪其貝初在二下知必臣下所困退位間居避地於鄭隴

之間故曰震來厲億喪貝躋于九陵暫宜安分隱忍切勿遽事紛爭以致決裂

要之理有循環事有更革當必可失而復得也故曰勿逐七日得七者數之二

週遲則七年速則七月定數不可違也某氏太感曰予之舊藩地在南海道予

庶出爲長予季少予二歲嫡出也維新之際嚴君病沒予以年長繼承家政後

予遊學橫濱少不自檢舊臣逐以是爲口實迫予退隱歸弟承緒予舊領地有

滿淹鑛因以資本不足勸予出資合業余謀諸東京橫濱商人借得高利之金

若干不料鑛產微薄大受耗拆因此涉訟頃者貸主以爲當時借證詆稱華族

未稱隱居逼索益甚究不審歸何斷結今聞足下占詞謂失者可以復得不覺

聞而心喜。

六三。震蘇蘇。震行无眚。

象傳曰。震蘇蘇。位不當也。

蘇蘇正義謂畏懼不安之貌。蓋較初虩虩而更覺不安也。三當內外之交。內卦

之震未止。外之震又來。天之雷愈震而愈厲。人之心亦愈震而愈懼。恐懼修省。

無可暫息。一念之肆。災咎乘之矣。震爲行震以繼震行。乃無咎。蓋天以震警人。

人即當震承天。承天而行。肯自无爲。象傳曰位不當也。夫人之處世。安能時位

皆得其當。惟其不當。一經震動。更宜加謹斯可免害也。

（占）問時運運途不當。宜謹益加謹。謹愼而行必无災咎。○問營商。銷路不得其

當宜改行別路可免耗失。○問功名位不當謂才不勝任也。雖得亦危。○問戰

征震卦全體皆處危懼之地。蘇蘇謂死而重生。此戰難望獲勝。僅得逃生而已。

○問婚姻門戶不當。○問疾病。雖危得以重生。○問六甲生男。

（占例）余向例以冬至日占卜諸事。明治二十五年冬。占問攝綿土製造社運籤

得震之豐。

爻辭曰。六三。震蘇蘇。震行无眚。

地神高島易斷

斷曰。爻至三而震益屬。在人事必有大驚之象。論該社造品製法精美。社中職
工。亦各安其業。似無意外驚恐之事。今占得三爻。玩厥爻辭。殊滌滌恐懼不料是
年十一月間。濃尾之間。震災大作。社中烟竈頓時破裂。職工傷者數名。此災爲
三十年來所未有。當時得此爻辭。曾不知災從何來。今災後思之。益歎鬼神之
有前知也。

九四。震遂泥。

象傳曰。震遂泥。未光也。

遂者。往而不返之意。泥者。陷而不拔之象。四爲外卦之主。上體互坎。介處坤中。
坤爲泥。坎爲雨。坤土得雨。爲泥塗。故曰震遂泥。謂其震也。經一鼓再鼓三鼓之
餘。陽威已竭。如陷入汙泥之中。而不能自拔。君子恐懼修省。故於四无凜凜焉。
象傳以未光釋之。四本與初應。四之卦體。即初之體也。然不能如初之體乎乾
元。乾爲光。初得之。四則乾陽已息。故曰未光。亦爻位爲之也。

（占）問時運。正運已過。精力既衰。雖欲振作。終覺致遠恐泥也。○問戰征。戰爭之

交。所謂一皷作氣。至三至四。則勇已衰。若鹵奔前進。防車馬陷入泥淖。被敵所

困。○問營商。商業亦佳。但揮財如泥沙。恐終不能積蓄也。○問功名有曳尾泥

塗之象。宜退不宜進也。○問婚姻。遂則必遂。唯相隔如雲泥。或名分有上下之

別。或道路有南北之分。○問疾病必中焦有食積泥滯。致腹鳴作痛藥宜開通

下焦。○問家宅。此宅為門前積土成堆。屋中溝道。亦多不通。致陽氣閉塞不利。

○問六甲。生男。

（占例）友人某來。請占氣運。筮得震之復。

爻辭曰。九四。震遂泥。

斷曰震卦為長子克家之象。一爻為一世。至四爻則嗣續既久。世澤已衰。凡厥

後人。一不自檢。必至漸即惴淫墜落先業。有如身陷汙泥之中。進退不能自由。

復何能光大前烈哉。爻象如是。足下宜恐懼修省。務自奮勉。後聞某氏自知才

力不足。讓業退隱以自娛樂。

六五。震徃來厲億无喪有事。

象傳曰。震徃來厲危行也。其事在中大无喪也。

卦例自內而外曰爲徃。自外而內曰來。五處外卦之中。內震乍徃。外震又來。故

曰徃來厲。二與五應。故爻辭亦相似。有事謂祭事春秋有事于大廟。有事于武

宮是也。五居尊位。秉中德。此心兢業。常如承祭。故能无喪有事。即

象之不喪七鬯。按祭儀主祭助祭。皆欲有事。无喪者不喪其所執之事。不必專

指七鬯。而七鬯。要亦在其中矣。象傳曰危行也。震爲行。行至於五迭經徃來皆

在震中。其心危。故行亦危也。又曰大无喪也。國之大事。在祭與戎。五動體爲隨。

隨上曰用享初之五爲萃。萃象曰假廟。皆大事也。故曰大无喪。

（占）問時運。運得中正。雖經歷多險。終可完成大事。○問營商。販貨徃來保无危

厲。十萬日億。財利甚巨。或小有挫損。大必无喪也。○問功名。此功名必從患難

來。可占大用成大功。○問婚姻。防婚姻完後。家有祭葬大事。○問家宅。此宅有

厲鬼爲祟。幸不喪人。宜祭禱之。○問訟事。兩造皆危。得中人調劑。可不至敗。○

問失物。小數難覓。大件无損。○問六甲。生男主貴。

（占例）友人某來。請占承嗣者氣運筮得震之隨。

爻辭曰。六五。震往來厲億无喪有事。

斷曰。震者爲長男繼續父業之卦。卦體四陰在上。二陽在下。是陽爲陰制。二陽

奮而欲出。故震其家必向以女主專權。今震而至五。則陽氣已壯。正可出而任

事。雖初至五。往來之途備嘗危厲。惟其恐懼修省競競業業。无忝厥宗。所謂崇

廟享之子孫保之。正在此也。故曰无喪有事。後果遵此占。

上六。震索索。視矍矍。征凶。震不于其躬于其鄰。无咎。

婚媾有言。

象傳曰。震索索中未得也。雖凶无咎。畏鄰戒也。

索求也。索索者。內外搜求也。矍顧也。矍矍者。左右驚顧也。震至上而已極。五爲

尊位。上則爲宗廟社稷神明之所至震而在上。如史所書震太廟。震正殿是必
愿之大者。其可懼可畏不有更甚者乎。由是而索求其天怒之所由來。中心惻
惕甚至顧視徬徨驚疑不定。惟宜恭默省愆謹益加謹。若復躁動前往凶可知
也。故曰征凶。其躬者上之躬上與五相隣。其隣指五也。五爲祭主居尊任重索
譬之所集也。故曰不于其躬于其隣君子恐懼修省不以震在鄰而或懈。正以震
在隣而愈虔畏與戒相循故雖凶无咎婚媾有言者即象傳笑言啞啞之言上
爲震之終君子夕惕朝乾反躬內省至震之終而得告无咎。當此震威既霽懼
盡歡來。啞啞有言凡在婚媾亦得則君子之言以爲言所謂一家之中憂樂相
同。亦君子刑于之化所致也。此即象傳虩虩啞啞之全義。特於上申言之耳。

（占）問時運。時當震驚將定妄進則凶。靜守則吉。〇問功名位高必危正宜退守。
可保无咎。〇問營商變動已定不可過貪見他人齟折更宜謹守。乃得无咎。〇
問戰征。時本一戰可定。聞鄰近營隊有變急宜往救不得坐視。〇問婚姻震與
巽有夫婦之象想近時即有媒妁來言。〇問家宅震於其隣。恐隣宅有震動之

象无咎。〇問疾病。病由心魂不安。致目視不明。宜靜養。此人无礙。隣人有病恐

難挽也。〇問六甲。生男防有目疾。

(占例)明治十八年某月。友人茂木充實氏偕其友山田五郎來。謂曰此人舊事

幕府。明治元年上野之役。東軍敗走。一家脫走赴奧州磐城平。以雙親幷妹託

諸友人率弟赴仙臺。歷戰磐城相馬駒峯等處。後赴仙臺藩歸降。並爲俘虜下獄

東京。既而遇赦。乃往磐城平尋訪雙親與妹所托友家。亦不知何去失望而歸。

遺憾莫釋。請一筮以卜所從筮得震之噬嗑。

爻辭曰上六。震索索視矍矍。往凶。震不于其躬于其隣。无咎婚媾有言。

斷曰。震屬東。互卦爲坎。坎屬北。就我國輿圖而論東北之方。爲宮城岩手青森

等縣。意者其在此乎。震男既長。乾坤退位。想老親必俱

亡矣。震之中虛成離。再索得女離者。離散也。想其妹雖離尚在也。上爻爲

位之地。其地必在邊僻。爻辭曰震索索。謂遍處搜索。未必能得視矍矍。謂雖或

得遇有相顧驚駭。不能相認。不于其躬于其隣者。想必于隣近之處。得其婚媾

者。而傳言踪跡也。余就爻象探索之。其方向情節如此。噫。君之二親不可見。妹

則必可遇也。於是其人大感曰豐後婦人有天德氏者。能豫言未來吉凶。曾往

叩之。彼曰急索不得緩尋可見問其地曰在東北地名落合。然終不詳其處。今

足下占斷語亦相同當再就東北往探。

○明治二十八年。占我國與朝鮮交際筮得震之噬嗑。

爻辭曰。上六。震索索視矍矍往凶震不于其躬于其鄰婚媾有言。

斷曰震爲動。爲興。本有動衆與兵之象。上爻爲卦之終即爲事之極今占我國

與朝鮮交際而得上爻爻辭曰震索索視矍矍征凶蓋朝鮮之國土久爲外邦

所要索朝鮮之國勢早爲外邦所疾視循是以往不知改圖其國必凶。故曰征

凶朝鮮因與清隣有事于朝鮮當先有事於清謂之震不于其躬于其鄰在清

以朝鮮爲屬國猶婚媾也若遽與朝鮮爲難清必出而有言謂之婚媾有言。

傳曰震索索中未得也。謂清未能有得又曰雖凶无咎畏鄰戒也。謂我國能令

清國畏威即可爲朝鮮警戒。故雖凶无咎焉。

增補高島易斷

艮爲山

艮二陰一陽得地之上畫。變而成乾。故得乾最上之一陽。乾爲天。天本動也。天之最上爲於穆。動極而靜。故爲止。一陽高踞於坤地之上。故象山卦。與震反。震一陽內起。艮一陽外塞。起於內則動。塞於外則止。序卦傳曰。震者動也。物不以終動。止之。故受之以艮。艮止也。此艮之所以繼震也。

艮其背。不獲其身。行其庭。不見其人。无咎。

艮之卦一奇巍然居上。二偶分列在下。一奇居上。象人首。二偶分列象人身。凡人自首以下。前面眉目手足。皆二偶。惟背脊直下成奇。故眉目手足皆動。惟背不動。不動爲艮。艮止也。故曰艮其背。夫人必面相對。乃爲相見。艮其背則相背而不相見。背在後。身在前。故曰不獲其身。艮爲門庭。心相背。行亦相背。相背則不相遇。不相見。故曰行其庭。不見其人。義皆取諸背也。

象傳曰。艮。止也。時止則止。時行則行。動靜不失其時。

其道光明。艮其止。止其所也。上下敵應。不相與也。是

以不獲其身。行其庭。不見其人无咎也。

此卦上下皆山。有兩山竝峙之象。兩山竝峙不相往來。此止之象也。人但見靜

爲止而動爲行。不知靜有靜之止。動亦有動之止。止爲止。而行亦爲止所者。止

之有定者也。時者止之無定者也。止得其時時即止之所。無定而實有定也。艮

三上之陽即乾三上之陽。乾三曰與時偕行。乾上曰與時偕極。靜翕動闢其時

本亙古不失也。天之時不失。即天之止得其所是故可以止。可以行。可以動。可

以靜。無纖芥之翳。而爲光明之宗也。人能止乎其所則以人合天。其心體自然

光明而無有障蔽矣。是即大學明德之旨。由知止歷定靜以至能慮而得。自能

與時消息以明明德之體。發而爲明明德之用。固非釋氏虛無寂滅之教所得

假託哉。上下敵應。不相與者。凡應必一剛一柔。若俱剛俱柔。則爲敵應。敵應即

為無應。八純之卦皆六爻不應。而獨於艮言之。以艮兼山止于所止。岊然對時。

兩不相交。得止之義。爲按韻會。身北曰背。背者爲耳目所不載。故內不見身外

不見人。是以不獲其身行其庭不見其人也。以其不相與而止。止无咎也。

以此卦擬人事。象傳曰背曰身曰見。皆取象於人身上。曰行曰止曰動曰靜則

不外夫人事也。人事有由動入靜者。有由靜入動者。由靜而動者震也。震二陰

在上。一陽發於下陽動也。由動而靜者艮也。艮二陰在下。一陽踞於上陽止也。

陽止者靜而无靜。動而无動亦非无靜也。非无動也。時而動時而靜。可以止則

止可以行則行。是以動靜貴不失其時也。若老氏言玄。釋氏言無。皆以靜制動。

遁入枯槁。斷滅其道。必幽昧而不明。此以陰止陽。止其所止。非艮之所爲止也。

艮之所止。審乎其時。得乎其所。是以陽止陰也。止陰止陽。艮上一盡爲乾。乾爲明。二至四

爲離。離爲光。故曰其道光明。卦爻上下不相應。不相與則無所牽動。

視若不視。聞若不聞。人能不聞不視。天下事皆无思无慮。是以得乎背不復獲

其身。行在我。不復見其人。以此而處人事。人事復有何咎哉。

以此卦擬國家艮止也所以止暴而定亂也艮二陰伏下有潛謀不軌之意一

陽在上制之使二陽不得潛動是以為止背者倍也為不見之物艮其背是止

之於未見之時為能於亂之未萌而先防之也故止之之用在得夫時止之象則

取諸身人身為陽氣之會背則為陰陰則暗昧陽則光明以陽止陰為止得其

所故其道光明聖天子當陽出治而羣陰退伏止而不動皆潛移默化於光天

之下此其象也六爻以初應四二應五三應六往往上動下應下動上應互相

牽與唯八純上下一體故不相應艮曰兼山山有前有後猶人有身有背山在

前不能見後人於身不能見背是兩不相與也故曰不獲其身行其庭不見其

人是以无咎也

通觀此卦按說文艮本字艮艮很也從七目七目猶目相上不相下七目為艮

很很不進之意六書本義艮目也從七取兩目相比竝也艮象曰艮止也即狠

戾不進之謂不見其人即目相上不相下之象艮為山竝立即取象兩目比竝

也總之一動一靜為天地自然之橐龠一行一止為人身有定之樞機卦體一

陽止於二陰之上。外實內虛。陰虛居內陽實捍外。如人北向背立還視內聽。是以其道光明。卦位艮震相因震因艮止艮因震動天下無動不止无止不動。此而動。故震先夫艮動而止。故艮繼夫震艮也。六爻之象。皆取諸賁初爲趾二爲腓。腓足肚在後也。三賁脊膂也。四身不言心心在前也。不言背賁即背也。五輔不見面見其旁輔也。六在卦外不言所止。而曰敦艮象山之加高也。其爻象內三爻不如外三爻之吉。二曰不快三日薰心。惟初尙得其利。四曰无咎。五曰悔亡六日厚終。故艮外多吉天下事終而能止。未有不善者也。所貴止之得其時也。

大象曰兼山艮君子以思不出其位。

卦象一山之外又有一山。兩山相對。其勢相連。有兼倂之義。謂之兼山凡八純卦皆上下一體。互相聯絡。惟艮則上下兩山各止其所。不相往來。此所以爲艮止也。君子法艮之象。艮以山爲止之所。人以位爲止之所。思之思之不敢或出焉。此即中庸所謂素其位而行。不願乎其外也。

増補高島易斷

（占）問時運。時運平平。宜退守。不宜妄動。○問戰征。宜各守疆界。不得馳域外之

想。○問營商。宜確守本業。不得貪意外之財。○問功名。宜守舊。母平倖進。○問

家宅。此宅地位雖狹。不可妄行改造。○問婚姻。命由前定。不可貪富增貧。○問

訟事。不可以曲作直。○問失物當在原處尋之可得。○問疾病。止者終也帶病

延年而已。○問六甲生女。

初六艮其趾无咎利永貞。

象傳曰艮其趾未失正也。

居艮之初。當趾之位。凡人動止必自趾始。是以欲止其心先止其身。欲止其身。

先止其趾。趾止則不妄動。不妄動則止得其所。而无失矣。故曰无咎吉凶悔吝。

每生乎動。止其趾。止動之初也。是遏人慾於將萌。存天理於未著。圖之於始。尤

當持之以永。故曰利永貞。象傳曰未失正也謂以陰居陽位雖失正。而止其所

止。初基正矣。故曰未失其正。

（占）問時運運途初交宜守穩步不可妄進自得无咎○問戰征屯軍山足宜靜守不宜妄動○問營商宜知足○問功名初步雖微不失其正○問家宅此宅近在山麓可以長住无咎○問婚姻百年好合无咎○問疾病病是足疾艱於步履一時難愈○問訟事不失其正无咎○問行人因足不能行一時不歸○問失物必不遺失宜就地下僻處尋之○問六甲生女防有足疾。

（占例明治二十四年占某大臣氣運筮得艮之賁。

爻辭曰。初六艮其趾无咎利永貞。

斷曰艮者兩山竝峙之卦兩山竝峙則不能前進有止而不動之象也今貴下占氣運得此初爻趾足指也凡人行動以足在前艮其趾則足趾不動而全體亦因之不動即大象所謂君子思不出其位也知貴下宜永守其正葆此爵位。

無容再求升用否則妄動未免有咎矣。

六二。艮其腓。不拯其隨。其心不快。

象傳曰。不拯其隨。未退聽也。

增補高島易斷

腓本義釋爲足肚。說文云脛腨正字通云脛後肉腓腸也腓上於趾故二象之。

咸之二曰咸其腓。咸主夫感艮二曰艮其腓艮主夫止。止則安止不動矣。然趾

與腓皆爲動體本不欲止也。所欲止者心也心欲止則趾不能不止趾既止而

腓亦隨之。是腓固隨趾爲動止者也。拯援也。不拯其隨者謂三限在上不肯俯

聽。趾腓相隨而動。故二之心有不快也。象傳曰。未退聽也謂既不能拯其動又

不能退而聽命以從其止。是以其心不快矣。

（占）問時運運途有阻宜裹足不前不宜隨心而動。○問戰征。止不進也。堅守不

動又無外援是以戚戚也。○問營商貨物止而不售甚爲可憂。○問功名不得

寸進又苦無大力之援。○問疾病腓病也。詩云百卉具腓爲秋風所慮也。此病

亦必是秋症。恐非藥力所能救援也甚爲可憂。○問婚姻腓亦爲避宜避絕之。

○問六甲生女。

（占例）應友人石坂氏之請為占鑛山事筮得艮之蠱。

爻辭曰。六二。艮其腓不拯其隨其心不快。

斷曰民為山腓在山足之上象傳曰民其背背身後也爻之取象皆在背後為

占鑛山而得此爻知鑛山之穴宜在山背初為趾二為腓腓上於趾知其欲又

在股之下足之上也民止也論其事謂停止在趾與腓本喜動不喜止曰止其

心必為之不快矣今必倡始議將停止隨從者亦無力拯救固宜作退步為是。

必待五爻悔亡得其輔助可復與也以爻計之當在三年之後。

○明治二十七年冬至占戰後形勢筮得艮之蠱呈之內閣總理大臣。

爻辭曰。六二。艮其腓不拯其隨其心不快。

斷曰卦體取諸山卦象取諸身身本動也山則止而不動卦又於身之中取諸

背背無所見背亦不動也卦與震反震動而民止所謂動極而止者也今占戰

後形勢得艮二爻初為趾二為腓腓進於趾腓能屈能伸其動尤甚其力較強。

論戰後形勢固較昔而尤強也戰後得此巨數償金在從征軍士皆自誇威武

九三。艮其限。列其夤屬。薰心。

象傳曰。艮其限。危薰心也。

限者門限爲內外之界限。三處內外之間。橫亙一畫。故象限。列分解也。虞氏作裂。夤通作臏。馬云夾脊肉。按咸五曰脢。易傳謂在脊曰脢。鄭云。脢脊肉。是夤與脢字異而義同也。薰通作熏。灼也。三之艮限。爲隔絕一身上下。使不相通。則將分心背而爲二。一若門限之隔絕內外。此釋氏所謂降伏其心是也。以強伏其心。心者。火也。心火上灼。燬燬炎炎。薰灼於方寸之中。不可撲滅。則其心危矣。詩

之力。每每貌視文官。至在朝大臣。總計金局。當以此金拓張軍備是爲首要。而不能隨從軍士之心。其心未免不快也。且卦曰艮者止也。謂大戰之後。宜休養。不宜躁動。古稱止戈曰武。此其徵也。武士之心固好動。不好靜。止而不動致多欝欝不樂。亦情所必有。觀腓之動。凡腓自動。心爲之也。在武士之動亦非武士所能自主。朝廷爲之也。是在朝廷靜鎮之耳。

云憂心如薰此之謂也。豈知心本虛靈感而遂通咸之咸其腓與艮之良其限。

一感一止。初無二致。象所謂時行則行時止則止動靜不失其時二任心之督

然。而未可以隔絕爲止者。隔絕爲止。是欲定其心。爲適以危其心。豈可以強

制者哉。夫人一身脈絡血氣上下前後必周流貫通無所阻隔。而此心自覺泰

然否則上不降下不升則脈絡不通血肉分裂心其能得安乎故曰厲薰心象

傳易厲曰危。蓋危較厲爲更可懼也。

（占）問時運運途順逆皆當順時強制者危。○問戰征兩軍相對各爭疆界。安得

畫界自守乎自守者危矣。○問營商貨物務在流通。乃可獲利。況今萬國通商。

輸入輸出互相交易若閉關自限必窮之道也。可危甚矣。○問功名專守一藝

者必非大器。○問家宅治家之道內外出入固宜嚴謹但不宜隔絕。隔絕則財

用不通而家道危矣。○問婚姻婚姻之道本由天合若拘守門戶不能成兩姓

之歡。○問疾病必是隔症上下不交。血脈不通。病勢可危。○問訟事是上下之

情不達。曲直難分。○問六甲生女防難產。

（占例）某氏來請占某貴顯氣運筮得艮之剝。

爻辭曰。九三。艮其限列其夤厲薰心。

斷曰爻象爲血脈不通心背分裂勢頗可危今貴下占氣運而得此爻。知貴下

於政府內外情好或多不協其所由來。在於位置自高不屑與人往來。遂至勢

分隔絕情意不通其勢幾成孤立雖有才知。無所展布。此身危矣。爻辭所云艮

其限列其夤屬薰心其象如是貴下宜旁求諸咸咸五曰咸其脢斯无悔矣。

六四。艮其身。无咎。

象傳曰。艮其身。止諸躬也。

身者總括全體而言分言之則一身亦有上下之別。六四居下卦之上。上卦之

下當心之位。在一身之中也爻得柔正上比六五。爲能止其所止。潔身自好雖

不能兼善天下。亦可以獨善其身較之內卦三爻。爲稍勝也。但以陰居陰不堪

有爲。只能以身爲天下模範而已。故曰艮其身无咎三爻言心。四爻言身。心虛

而身實期人含虛而踐實斯不墮入釋氏虛無之弊象傳以止其躬釋之躬猶

身也是以身止心即大象所謂思不出位也。

（占）問時運運途柔順能保其身自得无咎。○問戰征難望進取但於我亦無所

傷敗咎復何有。○問營商只能保本。○問功名无得无失。○問家宅安居无咎。

○問婚姻平平。○問疾病是帶病延年之症。○問失物即在身土尋之。○問太

甲生女。

（占例）明治二十年。占某貴顯氣運筮得艮之旅。

爻辭曰六四艮其身无咎。

斷曰四爻介上下之交當心之位。心內而身外曰艮其身是兼身心而言也。然

艮主夫止止則無所作為是不足以見功但求無咎而已。今貴下占氣運得艮

四爻爻曰艮其身有保身安命之象四爻比近尊位知貴下爵位已顯為宜謹

守職分夙夜弗懈以保全一身聲名祿位安享此太平之福復有何咎。大象所

謂君子思不出其位惟貴下有焉。

六五。艮其輔言有序。悔亡。

象傳曰。艮其輔以中正也。

五居外卦之中。二偶分列。有輔之象。按咸上曰輔頰口說也。是輔所以出言。艮

其輔斯言無失言矣。君子之道寡言則寡悔。艮其輔者固非止其輔而不言也。

惟在時然後言耳。時然後言則言有其序。可以默則默。可以語則語。默不失

其時。故悔亡象傳以中正釋之。艮其輔謂上得其中正。是以言有序而无悔也」

（占）問時運運得中正。故无悔。○問戰征行軍之際。最忌謠言妄作惑亂軍心。

艮其輔使不妄言斯號令嚴明所向無敵矣。○問營商商情猶如軍情消息不

容漏洩艮其輔則言得其要矣。○問功名巧言必黜昌言則拜言得中正。立談

可取卿相也。○問家宅此宅位得中正居之无悔。○問婚姻媒妁之言每多虛

诳聽者宜愼。○問疾病必是牙關緊閉口不出聲。得能發聲病乃可治。○問六

甲生女。

（占例）明治二十四年十一月貴族院議員。日野西公善神道總裁稻葉正邦。來

訪曰。今春惡疫流行三條相國以下二三元老遽逝。實國家之邦卒連審

又有大津之暴舉濃尾之震災。以及伊勢神宮庭燎無風自滅。此皆意外凶變。

自古罕聞而適於今年疊見之所謂國家將興必有禎祥國家將亡必有妖孽。

此其兆也能不懼乎今議會開設在近是爲上下臣民最所注意請君一卜以

見議院之興敗。余曰僕昨年十二月既占之矣以爻辭上呈松方總理主筋官

內二公卦爻遇艮之漸。

爻辭曰。六五。艮其輔言有序悔亡。

斷曰。大象曰兼山。爲兩山兼峙。阻絕往來。有上下不通之象。今占衆議院。得艮

五爻。爻辭曰。艮其輔。是止衆議之輔使。不得以無稽之言。妄干上聽。曰言有序。

謂議者所言當必秩秩有序。斯可聽納爻象若預知此番衆議必多出言不遜。

好與政府爲難卒至奉　勅解散亦勢所必有也。即使衆議言皆有序。亦但曰

无悔而已。未足以見功也。衆議院之兆如此。兩公聽之大感至十二月。衆議院。

上九。敦艮吉。

象傳曰。敦艮之吉以厚終也。

上居艮之終。即止之終也。敦。加厚也。所謂泰山不讓土壤。故能成其高即敦厚之謂也。上能以敦厚自止。是以獲吉艮六爻惟上言吉蓋艮之爲道上爻足以盡之。上能堅守此心知其所止。是以厚重如山不可動搖吉莫大焉。象傳以厚終釋之。謂止以敦而乃安敦以終而彌厚。是艮之所成終者。在此厚而所以成始者。亦即在此厚也。

(占)問時運。運途至此。無可復進唯厚盆加厚。是以得吉。○問戰征地位至上已極要在兵力加厚。無不獲吉。○問營商是上手生意價高物美獲利必厚。○問功名必應上選吉。○問家宅必是世代忠厚之家吉。○問婚姻吉。○問疾病素體厚實。不藥有喜。○問六甲生女。

（占例）明治二十七年三月。某貴顯來。請占氣運。筮得艮之謙。

爻辭曰。上九。敦艮。吉。

斷曰。上處重艮之極。即爲兼山之上。山以厚重爲體。山愈高則愈厚。故全卦之義歸成于上。而上乃獨得其吉。即可見晚運之亨通也。今貴下占氣運。而得上爻。知貴下身居民上。爵位崇高。人民瞻望。儼同山斗。而素懷忠厚。未嘗以勢位凌人。敦者厚也。艮者止也。貴下當止其所止。厚益加厚。於己於人。無不獲吉。大運之盛。於此可見。

風山漸

䷴

序卦傳曰艮者止也。物不可以終止。故受之以漸。漸者進也。爲卦艮下巽上。巽爲風。艮爲山山風善入木易長。有進之象。山則止而不動。欲進而爲山所止。是以其進不速也。正義曰凡物有變移。徐而不速謂之漸。此卦之所以名漸也。爲木艮爲山風善入木易長有進之象山則止而不動欲進而爲山所止。是以其進不速也正義曰凡物有變移徐而不速謂之漸此卦之所以名漸也

漸。女歸吉利貞。

漸反爲歸妹。其象同取于女歸妹之少女。以悅而歸不如漸之長女以順而歸也。以順而歸則媒妁言之父母命之。及長而字。由漸而來得其正也。故曰女歸吉艮男兌女其卦曰咸以男取女也。故先戒以利貞而後曰取女吉漸以艮男巽女以女歸男也。故先曰女歸吉而後告以利貞。

象傳曰漸之進也女歸吉也。進得位。往有功也。進以

正。可以正邦也。其位剛得中也。止而巽。動而不窮也。

漸者。循序而進。以漸進也。卦體三陰三陽。皆從乾坤來。乾父坤母。乾三索成艮

爲少男。坤一索成巽爲長女。故象取女歸。女嫁曰歸。女子之嫁也。及時而字納

禮而往。漸之義也。蓋女歸之吉。謂得其漸之進也。女正位乎內。男正位乎外。女

進而得位。必得其正矣。女以夫爲家。故謂之歸。母之嫁女則謂之往。進而得位

故往有功也。漸與蠱上下易體。蠱之九二。進而爲漸之九五。是爲得位。九居五。

位爻皆正。是爲進以正。夫婦爲王化之原。正家正國。皆基於此。故極其功效可

以正邦也。剛得中謂九五也。止而巽。動而不窮。此合二體而言。以止爲體以順

爲用。本艮之篤實。動而爲巽之利市。故曰動不窮也。

以此卦擬人事卦名曰漸。卦義在進。天下事無不貴進。而進要不貴迅速。而貴

舒緩舒緩之謂漸也。自世好急功。而漸之道失矣。惟于女歸。則猶存其漸之旨

焉。故爻象獨取女歸。男女爲人倫之始。是人事之至要也。按屯二曰女子貞不

字十年乃字歸妹四日歸有時五日位在中。家人象曰正家而天下定。凡易之

言婚嫁。多以得時爲正得位爲中。由茲而往足以成內助之功。即足開治國之

基諸卦分言之。而獨以漸則合言之。以漸九五之吉爲剛而得中也。爲卦艮以

止巽以動。知止而進其進有序。其用不窮。所謂正一身以正朝廷正朝廷以正

百官正百官以正天下。道不外是焉。是皆有漸進而漸廣之用也。

以此卦擬國家。卦象專取女歸。六爻亦皆言男女配合之禮。殊於國家無關。而

象辭則曰進以正可以正邦也。則知正國之道。基於正家矣。詩云刑于寡妻以

御于家邦。此之謂也。漸者爲言徐而不速。爲政而日勿欲速。亦取夫漸之義也。

國家之事。逐序而進。教化之行。日進有功。聖天子正位凝命。剛而得中。內而宮

閫外而邦國罔不本身出治。詩樛木芣苢之詠。知王化之行。皆本諸后妃貞靜

之德。由近及遠漸推漸廣汝濆江漢之間。無不風行俗美。蓋其漸積而來者有

由矣。雖彖辭首言女歸。而由齊家以及治國道本無二致也。止而巽動不窮者。

就艮巽而括言之。則艮爲社稷巽爲誥命。皆可見其動之不窮也。夫豈第爲女

子于歸言哉。唯在讀易者玩索而得之。

通觀此卦卦本乾坤三四往來。陰進而止乎四。九居五而得中。上六以陰居陰。

各得其所爻與家人同。而其所異者。初爻九六之別耳。故漸在家則內外順。在

國則上下安。爻象取女。爻象取鴻其卦爲艮男巽女。迨吉于歸。詩云弋鳧與雁。

是婚禮用雁之證也。雁之飛識時。女之歸待聘。漸之義也。然鴻飛有序。知長幼

之禮其群有偶。厚夫婦之別其來有候。適寒暑之進。物之進而能漸者莫如

鴻焉。是以六爻之象其始栖息甚近。其終飛翔甚遠。初言干。象其進之始。二言

磐。象其進之安。三言陸則非所安。四言木。則始危而終安。五言陵。則升天位之

高。上言陸則出于人位之外。而初之不得所安。無應而不能進也。三之不得所

安。無德而不能進也。四乘剛有德可安也。上九過高其德猶可則也。二五以中

正相應。是以獨得其吉也。卦畫皆以奇先偶象。鴻飛有序。下卦以一奇率二偶。

上卦以一偶隨二奇象鴻飛大者先小者隨。陽大陰小長幼之節。倡隨之禮。夫

婦之道也。六爻皆言漸。自初至上。各有次序。實與象辭漸進之義。足以相發明

大象曰。山上有木漸。君子以居賢德善俗。

山上有木。以木在山為得其所。猶女以于歸為得所。君子法此象。觀木之由漸
而長。非一時所可成。即知俗之由漸而善。非一旦所能化。要必先居賢德以為
表率。使之漸仁摩義。而風俗自善。古稱缺妻之賢。孟光之德。足以化俗況士君
子之躬居賢德者乎。其化民成俗固有日進而日善者也。全卦皆取巽女而大
象獨稱君子。蓋艮為賢人故曰君子居賢德。要知君子與淑女足為配偶。其德
同。其化亦同也。善俗。王肅本作風俗。居賢德。本義云賢字衍。

(占)問時運。如木在高山。得逢春生發之象。○問營商。山藏貨財。木能生發。且巽
為商利市三倍。得此卦象。自必能逐漸得利也。○問功名。足膺賢材之選。○問
戰征。防三軍前進。在深山茂林之處。有敵兵埋伏。○問婚姻。必是賢德淑女。是
以君子好逑。○問家宅。必是德門仁里。君子居之。○問疾病。是木剋土之症。宜

初六。鴻漸于干。小子厲。有言无咎。

象傳曰。小子之厲。義无咎也。

鴻水禽。來往有時。群飛有序。相傳漢土婚禮用雁。取其飛行不亂失偶不再。有
女貞之象。大曰鴻小曰雁。鴻與雁一也。象曰女歸。故六爻皆取喻於鴻。干水涯。
鴻漸干而得所樓猶女適人而得所託。但艮爲少男。故稱小子。巽爲長女。一長
一少年齒相懸。未免于歸愆期。或有不測之變。是爲小子厲也。說卦成言夫艮。
有言爲有成言也。女子許嫁唯憑媒妁之言。既有其言。不得以有變而渝。故曰
有言无咎。初應在上。初與上交。高下懸殊。即可見夫婦年齒長幼亦懸殊。女能
待年不亂守禮无失。無所爲厲。復有何咎象傳以義无咎釋之。蓋謂義在則然。
咎自无焉。

（占）問時運。人微年少。運途初行。雖危無咎。○問戰征。屯軍江干。防有危厲。幸有
安居調養。○問六甲。坐前生者男。望後生者女。

讒言來告。得以免咎。○問營商。貨物交易。防有小人從中作難。因約需旱厥得
以无害。○問功名。鴻運亨通。初雖在下。自有漸進之象。○問婚姻。女長男少。勸
言既定當以待年而嫁。无咎也。○問家宅。此宅臨水。防小人有疾厄。然無大咎。
○問疾病。不利小人。大人无咎。○問六甲。生女。

爻辭曰。初六鴻漸于干。小子厲。有言无咎。

（占例）友人某來請占事業成否。筮得漸之家人。

斷曰。漸者漸而進也。漸在初爻。爲進步之初基也。干。水涯。亦低下之處。君占事
業得漸。初爻。知君此業。必是初次開辦。如秋雁初來。尚在江干飛集。未得遠翔。
凡事業初創。未免有小人出而阻擾。務要把定初志。不改成言。是得无咎。然在
初爻。其進猶微。必得四年後。行到上爻則得其應援。必可大獲利益也。

六二。鴻漸于磐。飲食衎衎。吉。

象傳曰。飲食衎衎。不素飽也。

磐者。水中平石。石衍衍和樂之貌。鴻漸于磐有水可飲。有蒲魚稻粱可食。爲足樂

也。猶女子嫁得其夫。合卺而飲。共牢而食。自見宜室宜家。和樂且耽。二與五相

應。即爲配偶婦人賢德足以內助。固非虛食夫家之食者也。象傳以不素飽釋

之。即此意也。

（占）問時運既得安樂又得醉飽無憂。吉。○問戰征兵食充足。軍心歡悅。自有安

似磐石之象。○問營商。二爻居巽之中巽爲商爲利就爻辭言自干進磐有漸

進漸高之勢。吉。○問功名有嘉賓宴樂之象成名必矣。吉。○問家宅此宅地基鞏固一門

和樂。吉。○問疾病飲食過度所致宜消食安胃病即日可愈。○問六甲。生女。

應。即以二五爲婚二五皆吉可詠百年偕老矣。○問婚姻二與五相

（占例）明治二十三年。占某貴顯氣運筮得漸之巽。

爻辭曰。六二。鴻漸于磐。飲食衎衎。吉。

斷曰。二爻居巽之中巽。順也。爻辭曰鴻漸于磐。鴻大也。磐山石之安者。貴下占

氣運得此爻。知貴下鴻運通順。持躬涉世皆得安如磐石。無人得而勳搖。由干

進磬見鴻飛踪跡。逐步增高。喻貴下卒業東北學校。繼復游學歐米各邦。學識
亦漸步長進。且二爻與五相應。爻以夫婦和諧。即可見君臣之喜樂。至美衣飽
食和樂術術本貴下所素有也。吉何如也。

○明治三十二年。占北海道廳氣運。筮得漸之巽。

爻辭曰六二鴻漸于磬飲食術術吉。

斷曰漸者漸進也。由亂而進於治。由衰而進於盛。皆有漸進之象焉。今占北海
道廳氣運。而得漸之二爻。爻辭曰鴻漸于磬由千而進於磬是亦漸進而漸高
也。知北海道廳治象當必有日進日盛爻又曰飲食術術在北海一帶爲魚鹽
蜃蛤之鄉其足供飲食者出產饒富。民居斯土。獲斯利家室豐盈雍和樂。自
得飲食術術之喜。爻辭曰吉信可知也。

九三。鴻漸于陸。夫征不復。婦孕不育凶。利禦寇。

象傳曰夫征不復離群醜也。婦孕不育失其道也。利

用禦寇順相保也。

陸。高平之地。鴻所集也。九三。陽剛爲夫。六四。陰柔爲婦。三又與六正應。六亦曰

陸。自內往外爲征。三往就外之陸。而遂棄內之陸。故不復。上互離爲大腹。孕

之象。下互坎。坎爲災。爲鬼。不育之象。三與四以比隣私通。壞彝倫之大綱。背漸

進之大義。安能得室家和睦。夫婦偕老。生育以延嗣續之麻乎。故曰夫征不復。

婦孕不育凶。且雁呼蘆避繳巡呼警夜。飛則相隨。止則相保。亦有禦寇之象。故

曰利禦寇。夫鴻之有雌雄。猶人之有夫婦也。雄飛不返。是離其羣矣。胎孕之道。

期其長育而不育。是失其道矣。雌雄相守。是所以禦寇。是順相保也。象傳逐

句釋之。有以夫。

(占)問時運。運途不正。防有外禍。○問戰征。征利于守禦。不利往征。○問營商難望

獲利防有盜刼之虞。○問功名。唯從事軍政可以得名。○問婚姻。防有私亂終

離之感。○問家宅。此宅於生產不利。○問疾病。婦人生產恐母子不能兩全。○

問六甲。生女。

（占例）昔余在囚之日。有獄吏和田某者突然謂余曰。今玆罪案曷不卜之。先是

余曰占氣運得艮之漸。斷辭詳紀需三爻。今復一占筮得漸之觀。

爻辭曰。九三鴻漸于陸夫征不復婦孕不育凶利禦寇。

斷曰夫征不復謂此案已往不復追究矣。婦孕不育者謂禍胎也。不育者不

致再生枝節矣。禦寇者謂審獄之官也。順相保者謂必能保護我身也。然所謂

相保者當必在和田氏矣。後一二旬。前奉行退職清水某襲其後和田氏爲奉

行次席。於是二氏相謀以五十月徒期減爲二十月。余乃得以出罪。

六四。鴻漸于木。或得其桷。无咎。

象傳曰。或得其桷順以巽也。

四居巽之始。巽爲木。鴻水鳥本不棲木。桷者枝柯之大而平者也。于木之中。而

得方平之桷則亦可以容足矣。或者幸得之辭此以鴻之失所喻婦之之失所

也。四夫在三。三征不復。四婦失其所矣。或得其桷而集之。亦无咎焉巽順自守。

不失婦道之正。雖無夫可也。

(占)問時運。運失其正。但以順自處。隨遇得安。亦可无咎。○問營商。聊有所得。差

足免咎。○問戰征。得其椅角。敵勢已衰。○問功名。從事角逐。所得亦微。○問疾

病。病在肝木太盛。宜順氣調養。○問家宅。此宅多寡居之婦。有遇人不淑之感。

○問行人。在外失所。聊以將順容身。一時不歸。○問六甲。生男。

(占例)舊大垣藩主華族戶田氏。奉待護堂。借余神奈川別墅閒居養病者數月。

醫士戶塚文海氏。間日自東京來診。一日戶塚氏謂余曰。診視戶田太君之疾。

四五日前頗為可慮。近少輕快。惟老衰難期速效。余曰頃日代爲問卜。筮得漸

之遯。今玩爻辭。知太君近病無妨。恐明後年命限有阻。戶塚氏俯首不語。有松

野家老出而問曰。我太君之命。其終于明後年乎。余曰請勿與外人道也。後三

年。太君果仙逝。會葬之日戶塚氏追述前言。感嘆易理之前知。蓋漸爲長女卦

爲歸魂自四至上三爻爲三年。由是推之。死期可預決也。

九五。鴻漸于陵。婦三歲不孕。終莫之勝。吉。

象傳曰。終莫之勝。吉。得所願也。

爾雅。大阜曰陵。又八陵。北陵西隃雁門是也。此陵當是北陵。雁之家也。月令。季
秋鴻雁來賓。鴻之南來爲賓。北陵則爲家。孕育則在家也。五與二正應爲夫婦。
故以鴻漸于陵。喻夫婦之居家也。三至五互離離爲大腹。三動則離壞故不孕。
自二至五歷三爻。象三歲。艮少男巽長女。女及笄而男猶未冠是以不能生育。
迨及時而陰陽和合自然得孕矣。男少女長似女偏勝。然二五正應。內外得當。
夫倡婦隨。故曰終莫之勝。時至而孕。各得所願。吉可知也。又云此卦三五皆言
婦。九五以二爲婦正也。九三以四爲婦。非正也。故三四相比爲夫婦雖孕而不
敢育。女之婦不以漸也。故凶。二五以相應爲夫婦不孕而得所願。女之歸以漸
也。故吉。

（占）問時運運途中正三年後无往不利吉。○問戰征。屯軍大阜三年後所向無

敵吉。○問功名三年後必成。○問營商目下難望獲利至上爻自可獨占厚利。

蓋在三歲後也。○問婚姻得子稍遲吉。○問家宅宅在大阜之間吉。○問六甲。

生男。

（占例）某商人來請占氣運筮得漸之艮。

爻辭曰。九五。鴻漸于陵。婦三歲不孕。終莫之勝。吉。

斷曰五居外卦之中進步已高得漸于大阜之上。無可再進也足下占氣運。而

得此爻知足下營商多載雖事業漸進漸高。而不得一時獲利。如鴻鳥雌雄相

隨。而一大一小。未能即時生育也鴻待三年後可孕。知商業亦必待三年後可

獲大利也。終莫之勝者謂非他人所能及也爻辭曰吉吉可知也。象曰得所願。

知足下平生之志願可逐矣。

上九。鴻漸于陸其羽可用爲儀吉。

象傳曰其羽可用爲儀。吉。不可亂也。

上與三皆處卦極。故竝稱陸。漸卦六爻。皆取象於鴻。以喩夫婦。即本象辭女歸
之旨。三之漸陸。夫道不正。致婦失所。不如鴻之雌雄相守。上則猶是陸也。猶是
漸也。而以禮相接。人咸稱美。不特表閨閫之令範。且足樹邦國之合儀矣。一羽
本輕。而先王制禮納采。問名皆取以爲用。非以其有偶而不亂乎夫婦之道。亦
如是焉。故曰其羽可用爲儀。女歸之吉。其以此乎。

（占）問時運運氣正盛。可出而用也。吉。○問戰征。從平陸進軍。威儀顯赫。攻无不
克。○問營商貨美價高定。可獲利。○問功名出而用世。可以儀表天下。○問婚
姻吉。○問家宅此宅地位崇高瞻觀有耀。吉。○問六甲生男。

（占例）明治十九年。虎列剌病流行于橫濱。凡橫濱店中。家族皆避疫於神奈川
別莊。東京之友皆歸東京。余携遠來學者八人赴箱根木賀。一日有東京門人。
判事尾藤某來狀其旨曰。今度拜命。赴越後高田裁判所長。臨發自筮爻象不
吉。請爲再占氣運如何。筮得漸之蹇。

爻辭曰上九。鴻漸于陸。其羽可用爲儀。吉。

斷曰全卦以漸進為義爻至上六漸進之義已終進無可進是暖回氷解鴻鳥

北還之時今占尾藤氏氣運得此上爻知為新授北國高田判事之任爻辭所

云鴻漸于陸辭意適合本是吉象但此爻易三百八十四爻中為歸魂八爻之

一占者當此生命有阻因嘆曰氏為余門人中之翹楚他日繼余易學者在此

人也大為可惜一時從者聞此斷詞皆謂共在一堂何得以一筮之下遽斷必

死後尾藤赴任高田未幾果沒

雷澤歸妹

卦體震上兌下。震長男兌少女。凡象之取象男女者。如咸之少男少女。如漸之
長女少男。皆言夫婦。而獨於震男兌女。取象兄妹。按女子先生爲姊後生爲妹。
諸侯一娶九女。姊嫁則妹媵。孔穎達曰少女謂之妹。從姊而行。謂之歸。此卦之
所以曰歸妹也。

歸妹。征凶。无攸利。

歸妹少長非偶。夫婦之不正也。女子以夫爲家。在男曰娶。在女曰歸。故漸曰女
歸吉。咸曰取女吉。征者往也。是私奔也。故凶所謂鑽穴隙相窺踰墻相從父母
國人皆賤之。女德若此。夫何利焉。故曰无攸利。是痛戒而深惡之也。

象傳曰歸妹。天地之大義也。天地不交。而萬物不興。

歸妹。人之終始也。說以動。所歸妹也。征凶位不當也。

无攸利柔乘剛也。

三陽三陰之卦。皆自乾坤來。變乾上畫爲偶。而成兌。變坤下畫爲奇。而成震。兌

女震男卦名歸妹震兌之父母。則爲乾坤。乾坤即天地也。天地相交而萬物蕃

與。男女相交而生育繁昌是天地之大義即人倫之終始也。兌說也。震動也。說

以動是以情悅相從也。以此歸妹失其正也。征凶者震爲征因說而求進是獻

媚工讒意欲以朕而奪嫡也。故傳斥之曰位不當也。无攸利者以柔悅之性乘

剛動之勢。一經得寵便欲挾制乾陽。女權如此。不特不利於一身必將不利於

家國矣傳特明揭其不正之由曰此所歸之妹。乃說以動者也。

以此卦擬人事。歸妹者。女有家。男有室。人事之終始也。天地之道。以陽陰相交。

而化生萬物。婦夫亦一陰陽也。但女子之嫁也。以禮而聘以時而歸。如漸之止

而動。故女歸吉反是女說男動。是私相從也。不待父母之命媒妁之善以說而

動。豈得謂歸妹之正乎。其位以陽居陰。爲不當也。故凶。且一陰據二陽之上。是

柔乘剛也。故无攸利傳之。一一垂誠。蓋深警色升愛選豔妻煽亂婦德一乖。而

家道因之而虧。此即人事之變也。牝雞司晨。其禍蓋有不可勝言者矣。

以此卦擬國家。婦之從夫猶臣之從君。夫婦君臣。本人倫之大節。亦即天地之

大義也。臣之容說得位者巧言令色。一以詔媚爲工。極其奸謀所出必將結援

宮壼聯合閹寺以作聲勢。且於佞媚之中寓以箝制之用。一旦威權在握幾將

貌視王靈。不復顧天位之有在。卒之凶禍敗身亡。此女子小人自古難

養。聖人所以痛切而垂警也。歸妹象辭首揭征凶无攸利五字即此旨爲傳復

進之曰說以動所歸妹也。蓋謂歸妹者人倫之常說以動爲歸妹之變。其所以

征凶而无攸利者皆自說以動階之厲也。天下之事悅而動未有能正者女子

與小人。其凶一也。有國家者最宜凜凜焉。

通觀此卦歸妹少女也。少女无知。故稱妹情欲相感。見可悅而昏動不以禮。是

爲歸妹姊未嫁而妹先歸棄其序也。躬居媵而思奪嫡越其分也。婦德若此。凶

莫大焉。夫何利乎。六爻柔上剛下內外倒置。二四以陽居陰。男以不正而從女。
三五以陰居陽。女以不正而從夫。上卦六五乘九四。下卦六三乘九二。夫屈于
婦。婦制其夫。陰反居上。陽降居初。皆失其漸。故漸六爻多吉。至上愈吉。歸妹初
爻獨吉。至上則无攸利矣。是以君子貴民漸而戒輕悅也。

大象曰。澤上有雷歸妹。君子以永終知敝。

此卦反漸上卦爲雷下卦爲澤。雷動則澤水爲之搖漾。以陰感陽猶女子之挑
而可動也。失身敗德不謹其始。安能保其永終乎君子見此象。知悅牽于私動
失其正始既不善敝即在後。欲防之於未然。故宜永終以知敝斯不以妾爲妻。
不以賤妨貴嫡庶正而名分嚴足以維大義之不敝也。

(占)問時運一時發動。恐難持久。○問功名進不以道防有後悔。○問戰征地雷陸發足以制勝。恐一勝以後兵
○問功名進不以道防有後悔。○問戰征地雷陸發足以制勝。恐一勝以後兵
力敝疲。無以保終。○問婚姻徒戀一時情欲之私者。難期百年偕老也。○問家

宅。地盤有動。已嫁之女。不宜同居母家。○問疾病。永終二字獨於占病不利顯

見命限已終。○問訟事可以終結。○問六甲生女。

象傳曰歸妹以娣。以恒也。跛能履吉相承也。

初九歸妹以娣。跛能履征吉。

六爻以五為尊。是正嫡也。其他皆為娣。初爻在最下之位。故曰歸妹以娣。娣承

嫡妻之命。不能專制。猶跛蹩之不能行。唯守為娣之分行承順之道而已。故曰

跛能履。震為足兌為毀折。有跛之象。九居初為當位。是能安於娣而在下行不

先人。知其無隕越也。故曰征吉。就全卦論以說而動。女子感情說之私。故其征

也凶。就一爻論以剛居剛。女子有賢正之德。故其征吉。象傳以恒也釋之。謂

妹而為娣禮之恒也。以相承順是以吉也。

（占）問時運。運途低微。祇可侫人成事而已。○問營商。不能自主。聽命而行幸得

獲利吉。○問功名。偏神之位。○問戰征。非主帥也。能以偏帥制勝吉。○問家宅。

此屋必是廊廡偏屋吉○問疾病必是足疾不良於行身命無妨○問六甲生

女防有足疾。

（占例）明治十六年。余遊上毛伊香保得遇藤野正啓先生先生當代鴻儒夙精

易理與余相知最久茲得相聚客舍晨夕晤談意甚得也。一日先生正襟而言

曰幸爲一占僕之運氣筮得歸妹之解。

爻辭曰。初九歸妹以娣跛能履征吉。

先生精通羲易既得占爻自能詳判。余復何言然前余爲橫濱某商占得此爻。

在此人久遊歐米各邦通曉各國事情歸國之後橫濱某商店遂僱爲主管其

人正道又能勤勉凡財貨之出入物品之優絀以及時價之高低罔不一一計

畫其用心之誠篤有足使人感者未幾商店解僱一日某來請占筮得歸妹之

解。余爲之再三玩索乃得其解雇之由也蓋娣者從姊而嫁一切家政皆當奉

命而行不得自主譬跛者雖有其足不能自行也今某雖盡心從事未免有專

主之嫌是以有咎先生今日所占爻辭正同乃知先生秉道履中剛方素著但

於當今世衰道微所如不合反若娣之隨人不能自主先生能卑以自牧故曰

征吉此就爻辭而斷也然余又可慮者以歸妹為歸魂之卦至六爻為命終之

年先生固達人也自初至上為六年先生須為注意先生微笑曰易理精妙固

如是也後六年先生果歿。

○某官員來請占氣運筮得歸妹之解。

爻辭曰初九歸妹以娣跛能履征吉。

斷曰初居爻下娣居人下爻象卑微是不能出人頭地者也足下占氣運得此

爻知足下依人成事不能獨斷獨行譬如娣之從姊而嫁一以順承為事若欲

擅自作為反恐如跛者捷行必致顚仆不如隨人步趨斯无隕越矣故曰征吉」

九二。眇能視利幽人之貞。

象傳曰利幽人之貞。未變常也。

此爻陽剛得中亦娣之賢者也下互離離為目上互坎坎為疾有眇之象妙一

目小也。兩目之視正。一目之視偏。姜媵則處於偏者也。不敢正視。故取眇能視

為喻。二與五正應。二能測視得其寵矣。然正未可以寵自恃。故又戒以利幽人

之貞。幽人者。猶云靜女也。女子行不�踰閾窺不出戶。有幽人之義焉。象傳曰。未

變常也。謂能守其道安其分也。幽則至靜而不動。貞則至賢而不渝幽人不以

不遇變其道。女子不以失偶改其節。其致一也。

(占)時運運途不正。宜幽貞自守。○問營商以其窺察商情。有獨見之明。頗有

暗得之利。○問功名以高尚不事為貴。○問戰征能察幽窺微有料敵如神之

妙。○問家宅此宅最宜幽居。○問婚姻。此配宜作偏房若在嫡室。恐反目不和。

○問訟事防有幽禁之災。○問六甲生女。

(占例)華族某訪余別墅時方霖雨悶悶不樂會招伊藤潮花。特設演席。藉以侑

酒潮花見余床上筮竹問曰主公好易乎。余曰。然。潮花曰。拙生欲卜生命。請為

一筮。筮得歸妹之震。

爻辭曰。九二。眇能視利幽人之貞。

斷曰。歸妹者歸魂之卦。今自二爻至上爻爲五年。今後五年子命殆將終乎。上

爻之辭曰。女承筐无實。士刲羊无血。女承筐无實者。謂家計赤貧筐中无實也。

士刲羊无血者。死體之象也。潮花子曰。主公之言誠當諒云。人生四十不爲夭。

今吾已六十。命數亦不短矣。雖死期已迫。家計不可不預謀。由是奮然改革家

政。計度產業。以期家室盈豐。得能積有餘資實出自主公所賜也。當時談笑而

去後至五年六月潮花竟爾病殁。

○明治三十一年。占臺灣總督府氣運。筮得歸妹之震。

爻辭曰。九二眇能視利幽人之貞。

斷曰。卦體下互離離爲目目所以視也。曰眇祇可偏視而已。幽人者。幽閒貞靜

之人也。謂人能幽間貞靜必無犯上作亂之事矣。故曰利幽人之貞。今占臺灣

總督府政畧。得此爻辭。按臺灣新入我版圖。一切風俗難以一時遽革。祇得另

眼相視。以示寬容。至其人粗暴。未服敎化。往往躁動爲亂。在政府總宜以靜默

鎮之。使之化暴爲良。故曰利幽人之貞也。

六三。歸妹以須反歸以娣。

象傳曰歸妹以須未當也。

須者賤女之稱。三爻居兌之極。為悅之主。歸妹以須者以之為須也。三以柔乘剛。務為悅人。故于其始歸也。降為之須。雖明知其未當。以故抑之。不令其工妍獻媚。開以姜奪嫡之嫌。所以懲淫洪而正名分者。其旨嚴矣。迫三能反其說之為。始得復歸娣之位。故曰反歸以娣。象傳曰。未當也。謂陰柔不正。不當位也。正義以須為待時也。以三未當其時。則宜有待。故曰歸妹以須。既及其時。以娣乃行。故曰反歸以娣。亦通。

(占)問時運。運途尷尬。受人抑制。是宜忍耐。後可得伸。○問營商。貨價低落。不能獲利。過後可望提升。○問功名。所得卑微。○問婚姻。必非正娶。○問家宅。此屋非正宅。必是廊廡地位低小。○問疾病。待時可愈。○問行人。且宜暫待緩時可歸。○問訟事。待時可以斷結。○問六甲生女。

（占例）某縣人。攜親友書來。占求官之成否。筮得歸妹之大壯。

爻辭曰。六三。歸妹以須。反歸以娣。

斷曰鄭云須有才智之稱。正義曰。須女謂賤妾也。是有才智而屈居下位者也。

今足下占求官得此爻辭知足下占某顯官有舊乞爲代謀官階不料某抑之。

不與以相當之位置。而授以微末之官階即歸妹以須之象也。足下宜順受之。

切不可妄意干進。後當必有陞遷。反歸以娣行有待也。

九四。歸妹愆期遲歸有時。

象傳曰愆期之志有待而行也。

九四以陽居陰爲動之主動則急欲于歸但兌爲少女。故曰妹。未可先姊而行也。是宜待年於國故曰歸妹愆期年及而歸。未爲遲也。故曰遲歸有時詩江氾之篇序謂媵有待年於國。而嫡不與之偕行其後嫡悔而迎之亦終歸矣即可作此爻之註脚也。三爻主說。求貴而得賤。四爻主動求速而反遲皆深戒說以動之必凶也告之以遲歸有待所以遏其躁動之志使知待時而行之為得也」

(占)問時運須知順時而動行運有時躁進無益○問戰征最宜審時度勢無取躁急輕進致損兵力○問營商待時得價自可獲利○問功名躁進必敗○問婚姻待年而歸○問家宅宅運未來未可遷居○問行人一時不歸○問訟事宜緩可了○問失物遲久可得○問六甲生男。

(占例)某商人來請占賣買之機會筮得歸妹之臨。

爻辭曰九四歸妹愆期遲歸有時。

斷曰女子待時而嫁猶嫁貨之待價而買也愆期者謂期限已過遲久者謂遲久可售也足下占賣買之機會得此爻辭爻象與占象辭意適合歸妹愆期由於姊猶未嫁妹因不得先行故宜遲歸待時知足下必有前售之貨未曾銷脫故於後置之貨行當遲遲有待此所行不能不待所售不能不遲也遲之要自得利可無憂焉。

六五帝乙歸妹。其君之袂。不如其娣之袂良。月幾望。

吉。

象傳曰。帝乙歸妹。不如其娣之袂良也。其位在中。以

貴行也。

帝乙者。殷紂之父君者小君之稱謂嫡妻也。袂者袖也。月者大陰之精以象嫦
德。望者。謂月之圓滿幾者。近也。五爻居震之中。震長男下與二應二居兌。兌少
女。是兄妹也。所謂帝乙乃為震兄歸妹者。是以天子之妹下嫁於諸侯故曰袂
其君傳曰以貴行即所稱君夫人曰小君是也。卦體變乾成兌。乾為衣故曰袂
史記長袖善舞女子之態也。是袂足以取說月盈於望八日兌見丁十五乾盈
甲兌長至十五始盈乾化兌故曰幾望京房易傳載湯嫁妹之詞曰陰之從陽。
女之從夫天地之義也。往事爾夫必以禮義其訓以禮義者即戒其不可以袂
美取悅亦不可以恃貴而妄動也。六五爻辰在卯仲春之月嫁娶男女之禮讙
吉傳曰其位在中五居震中二居兌中以二嫁五中與中應其位悉當且五爻

最貴故曰以貴行也。

（占）問時運事事謙抑不敢自誇不敢自滿運途得中是以吉也。○問戰征降尊

居賤能得軍心從月夜進兵出敵不備可得全勝。○問營商前進貨品不如後

進者良約在望前可售必得高價。○問功名如有兄弟同出求名弟必獲雋。○

問婚姻當有二女同歸吉。○問家宅宅位居中當有喜事臨門吉。○問行人望

前可歸。○問疾病半月可愈。○問六甲生男。

（占例）有友來訪請占某氏赴任吉凶筮得歸妹之兌。

爻辭曰六五帝乙歸妹其君之袂不如其娣之袂良月幾望吉。

斷曰歸妹者以女從夫猶士者出而從政也今足下占友赴任吉凶而得歸妹

五爻細玩爻辭知此友身分必貴此次赴任定是小受。如帝女之下嫁也其才

調之良當必勝於前任故曰其君之袂不如其娣之袂良也月幾望者喻其設

施之圓到政體之光明有如三五之月也而又不敢以詔媚取說不敢以貴盛

自恃以茲臨民吉可知也。

上六。女承筐无實。士刲羊无血。无攸利。

象傳曰上六无實。承虛筐也。

士者。未娶之稱。女者。未嫁之稱。士昏禮云。婦人三月而後祭行。上宗廟。故曰祭三月祭行而後成婦。未承祭。猶稱女也。宗廟之禮。主婦奉筐。即詩所詠于以盛之。維筐及筥是也。兌爲羊少牢饋食。司馬刲羊刲殺也。承筐刲羊皆助祭事也。易例陽爲實陰爲虛。三四復位變坤爲虛。故曰承筐无實。四互坎。坎爲血卦。三四復位。成泰坎象不見。故曰刲羊无血。按祭禮執籩者宗婦爲亞。著夫實妻虛者主婦。未聞有以娣妾從事者。使婦而與祭。是瀆倫過。欲以承寵通幽禱。亦何利焉。永終知敝者可不戒哉。

（占）問時運萬事不利。○問戰征糗糧不備戈矛不修以斯從征。必敗之道。○問營商資本既虛貨物又匱窰以獲利。○問功名空手求名。其誰能得。○問婚姻。婚娶不正。維家忘索。○問家宅。此宅家範不端。防有妻媵紛爭之患。○問疾病。

是虛勞失血之症。不治之象。○問失物。不得。○問六畜。生男。

(占例)友人某來曰。近欲與友謀與一業。就余私計。事旣可喜利亦顧豐。但涞審

吉凶如何。請爲一筮。筮得歸妹之兌。

爻辭曰上六。女承筐无實。士刲羊无血。无攸利。

斷曰卦體兌悅震動。卦象兌女震男悅。不以道。故夫婦配合。多不利。面凢彩費

財合業者。亦可推相而知矣。今足下爲謀事業占得此爻爻辭曰承筐无實。刲

羊无血。筐猶橐也。筐无實。是橐空也。血流行一身。猶財之流通一國。无血則羊

死。无財則業敗。士與女爲合業之人也。女旣无實。士又无血。是財力兩空。其何

能成業乎。故曰无攸利。

雷火豐

卦體震上離下。離本乾體。變乾中畫而成離。離爲日。日本懸象於天也。震本坤體。變坤之下畫而成震。震爲雷。雷本奮出於地也。雷以動之。日以暄之。萬物化生。自然豐茂。震動也。離明也。明與動合而成豐。此卦之所以名豐也。

豐亨。王假之。勿憂宜日中。

正義曰。財多德大。故謂之豐。財多則足以濟世。德大則足以容人。事無窒碍。故亨。王指殷王。假謂感假。孳渙之假。言殷王假廟也。豐之假。期紂之能假也。紂能假夫豐亨之道。自足以統馭萬國。照臨下土。如日之正中。光明徧被。故曰勿憂。離爲日。日中則明愈大。故曰宜日中。

象傳曰豐大也。明以動故豐。王假之。尚大也。勿憂宜

日中宜照天下也。日中則昃。月盈則食。天地盈虛。與
時消息。而況於人乎。況於鬼神乎。

序卦傳曰得其所歸必大。故受之以豐。豐者大也。卦體以離遇震。震為行動必
以健離為光明無不灼明以動。動則有為。故得亨通而盛大也。王指九五言豐
之象。本大王能誠心感假則更加大矣。五爻曰有慶即慶王之能假也。豐莫大
于是焉。假如是。復有何憂。宜日中者是極言明以動之象日至中。其明愈煥其
照愈遠。萬國九州明無不被。可知王之自明明德。即可明明德於天下也。故日
宜照天下。然日過中則傾月既盈則缺。陽極而陰生。盈虛消息天地循環之運
也。象日日中豐至極盛。衰即伏之。傳欲王益勵夙夜之勤勉。明以繼明。有以挽
回乎造化。使明不為欲蔽而豐得以長保矣。雖盈則必有虛。消則必有息。與時
推移鬼神亦不能自主。而所以轉旋而補救者。總在於人也。人惟自明其明德
耳。干寶曰日中之象。殷水德坎象盡敗而離居之言周德當天人之心。宜居王

位。故宜日中。

以此卦擬人事。上互兌。兌爲澤。期其惠澤之豐盈也。下互巽。巽爲利。期其財利之豐富也。有豐無歉。豐斯大矣。然豐於財者多昏豐。於欲者多亂。昏則不明。亂則妄動。無以假之豐所在憂即伏之矣。此卦體上下大過。大過者。過乎中也。日過中則昃。月過中則缺。此過盛必衰。過剛必拆。盈虛消息天地盈時自然之運。雖鬼神之盛德。不能過此。而況人事之微乎。象曰勿憂宜日中。博釋之曰宜照天下謂乾爲日。離亦爲日。豐爲六月之卦。夏至日。在離氣稟純陽。日當午中光明倍焕。離大象曰明兩作離。大人以繼明照於四方者。此之謂也。明以靜生明。亦以動見。譬如人閉目靜坐。一物不見。一動則雙目開豁。明足察物矣。此所謂明以動。故豐也。人事之憂。在不豐。不知不豐不足憂。所憂者。最在不明耳。明則可靜亦可動。可盈亦可虛。豐之所大大在於明。亦大在於動也。是人事之極則。乃可出而與天下相見矣。

以此卦擬國家。國家之大勢。不能靜而無事。要必當動而有爲所患者動失其

増補高島易斷

道必至昏庸柔昧。上下交蔽。愈動而愈困耳。困則不亨。不亨則不豐。國事不可

為矣。欲求其豐。必先期其明。象是以日明以動。故豐卦體上震下離。震為動。故

能風動四方。離為明。故能嚮明出治。震又為帝。故稱王。離為光。故能照假夫臣民光大

明明德。道恊大中。明足與天下相見。動可為天下更新。是能昭假夫臣民光大

夫勘業庶幾就之。如日瞻之。如雲一時熙熙攘攘。咸沐浴於光天化日之中。而

若渾忘其帝力者。豐莫豐於是焉。然一治一亂。一盛一衰。國運也。亦天運也。所

謂日中則昃。月盈則食。天地盈虛。與時消息。世運推移。皆如是耳。要必文明柔

順如文王之德之純。上足以假君。下足以假民。如日月之照臨。光被天下。乃能

挽既去之天命。重得延六百祀之商社者。此文王之所以文王也。如是則可以

長保此豐矣。

通觀此卦。京房易傳曰。上木下火。氣稟純陽。陽為大。大則必豐。卦以離遇震。震

為君。君作於上。明燭於下。故得成崇隆豐大之業。然有豐必有歉。豐於功者傲。

傲則必亡。豐於財者奢。奢則必敗。傲與奢皆由於動之失中也。動失其中則損

明損明則安能長保其豐乎。雜卦傳曰豐。多故也。多故是以難保也。道在有以
假之耳。王者能推心指腹。上下交孚假以生明。明以運動。斯明無不照。亦動罔
不臧。如午日正中光明遍燭此離象所以爲明也。明明愈大豐亦愈大。是可尚也。
復何憂乎卦體離日在下。震雷在上互卦巽木爲蔀。兌澤爲水雷施雨。木舍日。
故自二至四有晦昧之象。聖人處此。虛以養其明。悅以霽其威斷以決其壅使
上下之情相通也。若六五動而得中明艮際會則皎日澄空氣翳全消純熙之
運至矣。風雨晦冥。其何傷日乎。初爻如日初出。故往有尚也。二爻如日方中故
有孚吉也。三爻明爲沫蔽。四爻明爲斗掩五與二相應所以資明。上則豐極而
凶矣。六爻皆有明象。而爲災爲疾爲沬爲斗皆足以蔽其明而害其動。惟
五獨得其吉。彖所謂王假之尚大也。在此爻矣。

大象曰。雷電皆至。豐。君子以折獄致刑。

此卦震爲雷離爲電。雷電相合。威勢盛大。電主明。雷主威象曰雷電皆至有威

增補高島易斷

明兼備之象焉明以折獄則獄得其情斯天下無遁情矣威以致刑則刑當其

罪斯天下無遺奸矣君子見豐之象推威嚴光明之德洞悉奸僞以明運威故

能察亦能決以威濟明故無枉亦無私天之震怒也雷聲之作電火在先此其

象也得離之明者爲噬嗑賁豐旅四卦大象俱有用刑之義噬嗑明在上象君

子在上故爲明罰勅法豐明在下象君子在下故曰折獄致刑。

（占）問時運運氣旺盛但當豐不忘歉斯豐可長保矣○問營商財利豐盛但須

公平謹守否則恐有訟獄牽連○問功名雷電有威名發達之象宜任刑官○

問戰征雷電皆至見兵威顯赫聲勢遠揚攻戰必克○問婚姻世稱雷爲公電

爲母是天合也○問家宅宅向東南財氣頗豐○問疾病是肝火上升之症宜

洩肝瀉火之劑尤宜靜養○問失物皆速追究可得○問行人防有訟事糾纏。

○問六甲單月生男双月生女。

初九。遇其配主雖旬无咎。往有尙。

象傳曰雖旬无咎過旬災也。

配鄭作妃卦體震上離下初本震爻爲諸侯初與四應故以四爲配主初九爻

辰在子九四爻辰在午君南面臣北面初以修禮朝四四以四敵厚恩遇之雖

留十日不以爲咎正以十日者朝聘之禮自行聘至問大夫才五六日即事畢

請歸鄭註謂主國留之饗食燕獻無日數盡殷勤也主雖綢繆而客行淹久樂

不可般旬以內尙不踰節故无咎往有尙者其往或因助祭而行朝聘或因入

朝而遇助祭留之經旬神人歡洽故爲可尙然以旬始爲限過則非常象傳謂過

則災生蓋凜凜于日中之戒示以盈滿爲懼也或以旬始爲星名史記天官

書旬始出於北斗旁狀如雄雞二爻曰斗三爻曰沫斗沫皆星名言其蔽明也。

初以旬始爲星爻象相同義亦可取。

（占）問時運得其相助可有十年好運。○問營商當有巧當貨物可售旬日之內。

即可獲利過旬則不利。○問功名避逅相遇適我願兮即日當有佳報。○問戰

征。兩敵相遇當速即進兵十日外恐有敗象。○問
則不諧。○問疾病得遇良醫旬日可愈遲久不治。○問訟事得遇良更即可斷
結遲緩不了恐有外禍。○問失物宜速尋。○問六甲生女。
爻辭曰初九遇其配主雖旬无咎往有尚。
（占例）明治三十一年占英佛兩國交際筮得豐之小過。

斷曰豐者雷電相遇百物豐饒之卦以國家交際擬之是兩雄並峙有各不相
下之勢。今占英佛兩國交際得此初爻初與四應當以初爻屬英四爻屬佛爻
象內外相應。就兩國國外勢觀之若相和好而實則兩陽相軋各挾猜疑勢必隱
相侵奪何則內離明外震動明者多謀動者多勇各爲其國亦各用其長明與
勇遇適足相敵故曰遇其配主英善謀略是明也佛長雄武是勇也旬均也謂
其勢力相均也。由此而更進焉明其德勇者不自恃
其明者不自恃其明且進而明其德。勇者不自恃
其勇且進而勇於義斯豐者可長保其豐矣。故曰往有尚也。

六二。豐其蔀日中見斗。往得疑疾有孚發若。吉。

象傳曰。有孚發若。信以發志也。

六二居離之中為明之主日中之象也藎虞謂日藃雲中王弼謂藃覆曖障光

明之物鄭作菩說文菩草也廣韻葶藎草名震為草故取象於草離夏之時草

木蒙密故曰豐其蔀按諸說取象雖不同而為藃明則一也斗者星名春秋運

斗樞曰北斗七星第一至第四為魁第五至第七為杓合為斗九四震動斗柄

之象斗柄左旋日體右轉日中非見斗之時日中見斗則有斗無日矣喻言殷

紂昏亂奸臣弄權儼如晝日掩光而寶斗騰輝也故日中見斗當羣奸蔽惑

雖周文之聖猶不免羑里之囚故曰往得疑疾有孚者即象所云王假也文以

忠貞服事至誠相假是以紂志可回蔽障開而疑疾自去矣故有孚發若轉凶

而為吉也象傳曰信以發志為言後世人臣忠而被讒者能以積誠窹主無不

可假也。

（占）間時運能以蒙難艱貞自得逢凶化吉○問營商見識不明渾如白晝昏暗。

不能辦事致生疑忌當以至誠待人得人扶助方可獲利○問功名始凶終吉。

○問戰征屯軍於豐林茂草之間伏藏不發往則恐有不利必待敵兵內應一發必得大勝吉○問婚姻始疑終諧○問家宅此宅花木太盛日光被掩致牖失明必須開豁明亮方吉○問疾病是胸襟不明積疑成疾宜以婉言開導疑寶一開病體自愈○問失物被塵汙所掩宜撥開蕪草可尋得之或在斗升之間○問六甲生女。

(占例)明治三十一年占自由黨氣運筮得豐之大壯。

爻辭曰六二豐其蔀日中見斗往得疑疾有孚發若吉。

斷曰爻辭曰日中見斗日陽象斗爲星星陰象豐其蔀蔀草也草亦陰象日陽爲君星爲臣草則庶民也白晝見斗是陰蔽明臣蔽君也今占自由黨氣運得豐二爻自由黨者本是庶民之私議欲以上干政府也其議皆出自草莽之徒故謂之豐其蔀以下犯上即以陰掩陽猶如妖星而犯日也故謂之日中見斗。

自由黨魁曰星亨可謂明證矣星氏論說狂妄千世疑惑人多疾惡故曰往得疑疾自由黨如能翻然悔悟不以勢力相凌而以貞誠相感斯發言盈廷咸得

順從也。故曰有孚發若吉。自由黨於十二議會以反抗政府致干解散。後當十三議會星氏有所悔悟遂順從政府之議得以无咎。

九三豐其沛日中見沬折其右肱无咎

象傳曰豐其沛不可大事也折其右肱終不可用也。

毛西河引劉熙云沛者水草相生之名公羊傳草棘曰沛是也豐其沛喻言紂朝群奸在下如水草叢生蒙密而蔽明也三居內外之間得巽氣巽之剛爻為木柔爻為草故取沛為水草沬鄭作昧服虔云日中而昏是也王莽傳地皇元年二月壬申日正黑葬惡之下書曰日中見昧陰薄陽黑氣為災即引易此文為證九家易云沬斗杓後小星即輔星也按輔星在斗第六星左漢書翟方進傳輔湛沒張晏曰輔沈沒不見則天下之兵銷是輔見則有兵禍二說為昏為星所据不同要皆為周興殷亡之兆折其右肱者臣以君為元首君以臣為股肱文為西伯故曰右肱紂聽讒言囚文於羑里是折其右肱也然當時雖三分

有二爻能篤敬止之節。終身事紀故右肱雖折而无咎。傳曰不可用大事。三居離

之極。謂人心既離。天下大事其已去矣。傳又曰終不可用三與上相應。上處震

之極。爲卦之終。上爻曰闚其无人紀之所以爲四夫故曰終不可用也。

(占)問時運運途顚倒明明白畫渾如黑夜防有災禍幸一時身命尙无恙也。〇

問戰征沛或作旆謂旛旆飄揚率軍前進。防風雲有變卒時昏暗右軍有失。〇

問營商貨價漲落不測致被耗折〇問功名終不可用。〇問疾病防右肱有

損。〇問家宅田園荒蕪水草叢生右廡已傾暫居而已。終不可用也。〇問六甲。

生女。

(占例)友人某來。爲加入某會社。請占會社之吉凶筮得豐之震。

爻辭曰九三。豐其沛日中見沬折其右肱无咎。

斷曰三爻處震離之間震爲草離爲光曰豐其沛日中見沬象爲震草蒙密以

致日色无光以會社言必是社中小人衆多反令君子无權蓋以草喻小人播

弄其間。卒令白晝昏黑不見天日。即所謂日中而昏也折其右肱者社中用事

之友即爲社中之手足也。手之動用。全在右肱。折者執而去之也。謂去其社中
弄權之尤者。斯會社可无咎矣。爻象如此。勸君以不入爲可。友人聞之。因此中
止。後會社未幾果閉。友人於是感易占之妙也。

九四。豐其蔀。日中見斗。遇其夷主。吉。

象傳曰。豐其蔀。位未當也。日中見斗。幽不明也。遇其
夷主。吉行也。

四居外卦之始。爲動之主。其爻象與二同。四之蔀。猶二之
斗也。但二以陰居陰。離日被掩。四則陽剛發動。王心感假障蔽開而疑疾消矣。
夷主之遇。即象所云王假也。二以疑疾而四。四以遇主得釋。遇則吉矣。故曰吉。
象曰。王文所稱也。爻曰夷主。周公據其實而夷之也。豐沛見斗。傳獨於四釋之。
邪之害正。其蔽始於近習。故曰位不當。陰之掩陽。其炎見於白晝。故曰幽不明。
震爲行。行得所遇。故曰吉行。

（占）問時運。曩時被人蒙蔽。今能翻然改作。得好際遇可以獲吉。○問戰征兵入

幽谷不知去路。不見天日。幸遇鄉導得以前行也。○問營商前因貨物真贋混

雜難以消售。今始得遇受主方可獲利。○問功名得此絕好際遇名可立就吉。

○問婚姻良緣巧遇吉。○問家宅。此宅苦於地位不當幽闇不明得遇其人動

作一新則吉。○問疾病。病在目中生翳所視失明得良醫病可治也。○問六甲。

生男。

（占例）豪家支配人某來。請占運氣筮得豐之明夷。

爻辭曰。九四豐其蔀日中見斗遇其夷主吉。

斷曰豐其蔀言草之盛也。日中見斗斗而晝見。是晝晦也。其害皆足以蔽明四

以陽居陰。爻象是陽為陰所蔽。幸四入震為動之主。一動則撥開雲霧得以重

見天日以得遇其夷主今足下問氣運得此爻象知足下曩時必為人所抑制。

不得自明。今幸得遇逢財主可以謀事但此主素性昏庸。故稱曰夷主惟足下

誠實素著得以信任無疑傳日吉行可以獲吉矣。

六五。來章有慶譽吉。

象傳曰。六五之吉有慶也。

五居內卦之中。五與二應。二言往。五言來。蓋五視二爲來也。章美也。慶賞賜也。譽聲稱也。二既得以往而有孚。五乃因其來而有慶。蓋隱指文獻文馬紂錫弓矢之事也。慶出於紂譽歸於文王。在是吉亦在是焉所謂一人有慶。兆民賴之。二之慶亦五之慶。故二五之吉同也。

（占）問時運盛運大來。實至名歸吉莫大焉。○問營商。貨物往來。無不獲利。更可得名。○問功名得膺恩賞。名利兼全大吉。○問婚姻天合良緣門楣既顯嫁資亦豐吉。○問戰征可不戰而成功也。奏凱而還得邀封賞吉。○問家宅。必是雄表名門吉。○問疾病有名醫自來即可全愈。○問訟事訟了。且可得賞。○問人。即日可歸且有喜事。○問失物不尋自來。○問秋收大有豐年。○問謀財不求自來。○問六甲生男主貴。

（占例）親友某富翁來。請占氣運。筮得豐之革。

爻辭曰。六五。來章有慶譽。吉。

斷曰卦名曰豐。必是豐富之家。五爻居尊。爲一家之主也。爻辭曰章曰慶曰譽。

日吉。皆全美之象。占者得此氣運之盛。不待言矣。但全卦論之。有離明被蔽之

象。必是家臣弄權。家主被惑。以致善惡不分。百事顚倒。惟二爻爲正直可靠。五

能聽從二爻之言。知二之美而嘉納之賞賜之。二之慶。即五之慶。吉莫大焉。足

下於家臣中。宜愼擇其人去邪任賢。斯家道日隆。身運日旺。爻象如此。吉與不

吉。即在轉移間也。

〇岩手縣閉伊郡田老村商人。落合總兵衛者。余之舊交也。雖其人已故。而音

問不絕。本年六月傳聞該地海嘯村民死亡靡有孑遺。探問未得覆報。心深憂

之。乃爲一筮得豐之革。

爻辭曰。六五。來章有慶譽。吉。

斷曰豐者大也。海嘯者災害之大者也。爻辭曰有慶譽。吉料渠一家之中必有

倖脫此災害者近日當有來報也後確知該村當時被災全村漂沒落合氏家。
惟次男總三郎四男兵吉以先時趨赴隣村得以免禍云。

上六。豐其屋蔀其家闚其戶闃其无人三歲不覿凶。

象傳曰豐其屋天際翔也闚其戶闃其无人自藏也。

豐其屋者自高也。蔀其家者自蔽也。豐大其屋又障蔽其家亦有行其庭不見
其人之象也。上六重陰居卦之極是動極成憊明極生昏豐極致衰極其甚則
宗社傾覆宮室空虛故曰闚其戶闃其无人闃无人之狀千令升以上爻爲
說紂之亡爲獨得其旨焉上爲宗廟三歲不覿是必三歲不祀也。書曰自成湯
至於帝乙罔不明德恤祀至紂不肯事上帝棄厥先神祇不祀故廟中虛曠三
歲不覿也紂惟深藏于瑤臺瓊室以自娛樂所謂七世之廟可以觀德者。未幾
而鞠爲豐草矣。故曰凶也。傳所釋天際翔也際或作降翔鄭王作祥謂天降祥。
祥變異之通稱又所釋自藏也。藏諸家作牧王作殘鄭作傷皆謂國滅而自亡

也。

（占）問時運有屋无人大凶之象。○問戰征營壘空虛敗亡之象。○問營商貨物
空存无人經理凶。○問功名身既不保名於何有。○問婚姻凶。○問家宅田園
雖富必是破落之戶人丁稀少凶。○問疾病命不久矣凶。○問行人歸聚無期。
○問六甲生男防不育。

（占例）明治十五年某月予因事至橫濱洋銀取引所晤西村氏等三人謂予曰。
今以大藏省增稅過重願求減輕未知政府許否請一筮決之筮得豐之離。
爻辭曰上六豐其屋蔀其家闚其戶闃其无人三歲不覿凶。
斷曰豐者大也盛也當洋銀取引所之盛大日出納數十萬金其商況之盛全
國罕見是爲豐其屋蔀其家之象也然取引所出納雖屬豐盛盛恐就其內而窺
之亦有所不足矣至所云願請減稅者亦恐有其議未必有其人也即所謂闚
其无人也謂即使請減有人恐遲之三歲政府亦未必見許也。故曰三歲不覿。
凶。於是三氏互相驚視無語可答至翌日該店果然閉歇。

增補高島易斷

火山旅

為卦內艮外離。艮山也。離火也。山者得主而有常。火者附麗而不定。有常者。象所寓之地。不定者。象寄寓之人。離者麗也。別也。別其家。麗於外。此卦之所以名旅也。

旅。小亨。旅貞吉。

旅。羈旅也。人當失其本居。寄跡他鄉。所謂遠適異國。昔人所悲。亦安得曰大亨以正哉。但求得其所依足以自存。是亦羈旅之小亨也。旅中之貞吉。即在此矣。故曰旅貞吉。

象傳曰。旅小亨。柔得中乎外。而順乎剛。止而麗乎明。是以小亨。旅貞吉也。旅之時義大矣哉。

序卦傳曰豐大也。窮大必失其居。故受之以旅。旅衆也。衆在外謂之旅。三陽三

陰。卦從乾坤來。坤三上居乾五。變離作外卦之主。乾五下居坤三。變艮作內卦

之主。民止為體離明為用。止則得其所明則知其往斯不患窮大失居矣。其所

以小亨貞吉者。柔而順乎剛。謂剛不忤物。柔不損己。止而麗乎明。謂止而能定。

明而能察。旅道之正在斯矣。是以得其小亨。貞而獲吉也。古人學問多從羈旅

閱歷而來。往往於耳之所聞目之所見皆足增其知識。故曰旅之時義大矣哉」

以此卦擬人事。男子之生以桑弧蓬矢射天地四方。為志在四方也。故士者貧

笈而游。商者載貨而往。凡有一技一藝罔不遠客他鄉。各謀衣食。是旅本人事

之常。至離父母背鄉井。廓落無友惆悵自憐。其窮阨而不亨也。亦無足怪於不

亨之地。而欲求其亨者道唯在柔和以涉世。明察以審幾而已。柔則以悅相親。

而與世無忤。明則以誠相接而與人无欺。縱不能大有所得。亦可小亨。所謂貞

吉者在此矣。夫行旅之不得其貞者。無他患在過剛。亦患在不明耳。過剛者傲。

剛則無以和衆。不明則昧。昧則無以保身。旅道窮矣。象傳曰柔順乎剛。止麗乎

明所貴剛與柔之適中明與止之相附以是爲亨亦即以足爲吉也人生涉世。

一往一來皆旅之時。一動一靜即旅之義天子有行在諸侯有朝會士大夫出

疆農夫越畔皆旅也旅之爲時爲義所關豈不大哉。

以此卦擬國家國家之要首重財用而所以使財用之流通者唯賴商旅耳端

木子結駟連騎管夷吾官山富海皆所以開商旅之源也故善策富强者必計

內外交通之益廣海陸運輸之程便舟車之往來課東南之美利財用由是而

亨。而行旅則由是而勞矣夫遺人有候居之館行役無失路之悲斯行客亦可

少安矣。大象曰山上有火火光所燭遠者見其明喻言商者明能

燭奸遠近無欺。故曰旅小亨旅貞吉蓋重財利輕離別商賈之所以營生也權

什一通有無朝廷亦藉以致富也方今之時歐米各邦國稅所關專以商務爲

重是以海禁宏開洋舶輻湊鑿絕島窮嶁峵而開市率東夷北狄而來商商旅之

道于斯爲盛易有前知。故曰旅之時義大矣哉。

通觀此卦艮山止而在內離火明而燭外下卦爲旅客遠行之象。上卦爲于時

増補高島易斷

廬旅之象互卦有大過爲行邁跋涉之象。六爻中曰所曰次。曰處曰巢。各有其

地也。曰災。曰焚。曰喪。曰亡。各有所失也。曰懷。曰得。曰譽。各有所獲也。大凡羈旅

之人宜柔和諧衆。不宜剛暴自恃。故六爻以柔爲吉。以剛爲凶。初以柔居下。是

旅之微賤者。二柔中。故兼得三過剛。故喪。四剛居柔雖得不快。五柔中。小費大

得。六剛遇高大喪而凶矣。卦與豐反。聚則成豐。散則成旅。旅而能止。是旅之寄

跡於外也。旅而遇明。是旅之擇地而蹈也。總之明有譽。昏有災也。得於柔喪於

剛也。爲笑爲號。時爲之也。曰貞曰厲義所在也。聖人之栖栖者。爲道而行也。

人之攘攘者。爲利而往也。夫非爲旅之故與其爲旅則同。而其義要各有不同

者焉。

大象曰。山上有火旅。君子以明愼用刑而不留獄。

山上有火。與賁之山下有火。相對之文也。艮爲山離爲火。有火焚山之象。野火

燒山過而不留君子取其象以聽訟片言即折。故不留獄也。明取離之照愼法

艮之止執法如山不可移動也。燭奸如火。無可掩蔽也。以斯用刑。刑無枉矣。卦

上互兌。兌爲刑人。故曰用刑。反卦豐。豐象折獄。故曰不留獄。

（占）問時運。運未全盛。宜明以察之。愼以防之。即有災害。可隨即解脫。○問營商。

宜出外販運。隨來隨售。不可留積。○問功名。火在山上。有光明遠燭之象。升庸

在即。○問戰征。須用火攻。○問家宅。愼防火災。○問婚姻。即日可成。○問疾病。

是肝火上炎之症。其勢可危。生死在即。宜愼。○問訟事。即日可了。○問行人。即

歸。○問六甲。上半月生女。下半月生男。

初六旅瑣瑣斯其所取災。

象傳曰旅瑣瑣志窮災也。

初居卦之最下。是始爲旅人者。瑣瑣。小也。斯爾雅曰離也。所即詩爰得我所之

所。謂居處也。與二三爻日次四日處。皆爲旅舍之地也。取其所者謂旅行在外。

因瑣瑣細故。遂致離其旅處。序卦曰旅而無所容。離其所則必無地可容矣。故

取災言其災由自取耳傳推本於志窮以其較量於瑣瑣之故一有不遂則離

其旅處不特旅窮而志亦窮矣窮則招災故曰志窮災也。

（占）問時運出身既微行運亦陋孤身作客恐難獲利。○問營商資財微細生業

亦卑難免災禍。○問功名雖得亦卑。○問戰征按五百人為旅軍力單薄有敗

無勝。○問家宅地位委瑣齷齪必小戶之家也慎可免災。○問婚姻詩瑣瑣姻

婭則無臕仕知非名門大族也。○問疾病有小災悔初起可治。○問六甲生男」

（占例）友人某來請占氣運筮得旅之離。

爻辭曰初六旅瑣瑣斯其所取災。

斷曰旅羈旅也為遠出他鄉孤身隻影羈旅無親爻象以柔為吉以剛為凶蓋

惟柔順和衆斯不為孤立也初爻為初次行旅瑣瑣小也為量淺陋錙銖必較。

以是取災災由自取耳今足下占氣運得此爻辭夫人生如寄天地本逆旅也。

散財和衆則四海皆兄弟欲財取怨則坦途成荊棘人苟委瑣齷齪逐逐為利。

勢將無地容身所謂旅而無所容也災禍之來必難免矣足下宜大度寬容無

畜財。無招怨。和悅處世。所謂言忠信行篤敬雖蠻貊可行焉。

六二。旅即次。懷其資。得童僕貞。

象傳曰。得童僕貞。終无尤也。

即者就也。次者。舍也。資者。貨也。幼者童壯者僕民爲童僕。故曰童僕。離爲資斧。
故曰懷資。二爻柔中居正有即次之象以虛承實有懷資之象。柔順則童僕亦
盡其忠信三事皆得其便宜內不失己而己無不安。外不失人。而人無不與。皆
由柔順中正之德所致也。故曰旅即次。懷其資得童僕貞。不言吉者旅寓之際。
得免災厲爲幸耳。象傳之意亦不外此也。

(占)問時運。有財有人運途中正。自无尤也。○問營商得財則可以謀利得人則
可以供事。千里作客可以无憂矣。○問功名是以財捐納者。○問戰征貲財即
軍餉也。童僕即軍卒也。餉足兵強攻无不克。○問家宅。必是寄居之宅。喜得財
用充裕童從順正家室和平。自无外禍也。○問婚姻有富室贅婿之象。○問疾

病。旅處得病。喜有童從。盡心服事。可以調養痊愈。〇問六甲。生男。

（占例）明治十七年。余漫遊九州。一日往觀某石灰坑。其夜有社員過訪予寓。曰。

君精於幹事。今日巡視敝坑。定有高見幸請敎示。余曰炭坑之業。余素所未諳。

辱承諸君下問。敢爲一占以決之筮得旅之鼎。

爻辭曰六二。旅即次。懷其資。得童僕貞。

斷曰本社在東京出店遠隔九州營謀坑業諸君皆行旅在外者也。故曰旅即

次。懷其資得童僕貞。知此坑業有財有人可大可久其所經辦上下用人皆正

直無私。本可無憂矣。但三爻有焚次喪僕之象。明年防有火災。四爻曰得其資

斧。後年可以獲利償其所失。五爻小失大得。坑業聲名得以上達。是爲坑務全

盛之時。惜上爻曰鳥焚其巢。先笑後號咷此象可慮。約應在五年之內也宜預

爲愼防。

九三。旅焚其次。喪其童僕貞厲。

象傳曰。旅焚其次。亦以傷矣。以旅與下。其義喪也。

三爻處內卦之極。出艮入離。離爲火。故有焚象。艮爲居爲舍。次。旅舍也。故曰焚

其次。童僕隨侍於次者。次焚。而童僕亦喪。是背主而去者也。艮爲童僕。故曰喪

其童僕旅次焚。禍起不測。有由童僕之不戒者。亦有不由於童僕者。三爻童僕

貞。然雖貞亦危。故曰貞厲。旅次經焚。身危資失。旅客固受傷矣。而在童僕向承

使令一經焚災。深恐主人責問。舍此而去。亦其義也。故象傳兩釋之。

（占）問時運。運途顛倒破敗。重重大爲可危。○問戰征。謹防火攻。尤虞軍心渙散。

不戰自遁。○問營商。防有不測之禍可危。○問功名目下難望。必二年後至五

爻日終以譽命可以成名矣。○問婚姻一時不成。難期偕老。○問家宅防有祝

融之災。○問疾病本人可愈。兒女或童僕難以保全○問失物必是童僕所竊。

○問六甲生男。

（占例）眞言宗高僧。雲照律師。博識釋典爲一宗之覺士也。余昔遊高野西京。時

得相晤明治十八年夏初。雲照師遇訪余盧謂余曰貧衲以虛無爲宗。吉凶悔吝。無復罣念。所以眷眷不忘者。惟在宗敎之盛衰耳。敢煩一占筮。得旅之晉。

爻辭曰。九三旅焚其次。喪其童僕貞厲。

斷曰。夫旅親寡之卦也。在禪家離凡脫俗。身入空門以四大爲禪房以六道爲逆旅。凡一生所涉。悔吝吉凶悉屬幻境而已。今律師占宗敎盛衰。得旅三爻在律師脫離本山雲游世外。到處天涯。何有旅舍隨身衣鉢何有童從八妄皆空。無所謂貞也。九根無碍。無所謂厲也。三昧之火旣消。無所焚也。四禪之縛旣脫。無所喪也。爻象所示不足爲律師挂慮按旅三變而爲晉。晉象傳曰晉進也。明出地上離者日也。象如佛日長明普照大地禪門之宗敎當有日進日盛之象。

是可爲律師慶也。

九四。旅于處。得其資斧。我心不快。

象傳曰。旅于處。未得位也。得其資斧。心未快也。

四居離之始。離爲見。四之旅行。是往而求利見也。得位則進於朝。不得則旅於

處。故傳曰未得位也。離爲資斧。即春秋傳所謂居則具一日之積行

則備一夕之衛是也。資與二懷資不同。二之資由我而具。四之資自外而來。故

曰得離爲干戈有斧象。斧所以爲衛也。四之所以僕僕行旅者。惟期得位乘時

耳乃所得而僅在資斧所願未償。故其心不快也。以四初入離爻爻采未章名

譽未顯。故祿位猶未得也。

(占)問時運盛運未至所得亦僅耳。○問營商出外販運少有獲利未能滿望。○

問功名一時未得容待來年定可成就也。○問戰征可以擄得敵糧未能遽獲

大勝。○問婚姻嫁資頗厚但是偏房非正嫡也。○問家宅地位不當○問疾病

是心疾也因謀望不遂憂欝所致。○問失物可得。○問六甲生女。

(占例)明治十八年某月某貴顯來訪曰余知友某氏今受外國公使之命在某

氏尙別有希望不知成否請勞一筮。筮得旅之艮。

爻辭曰。九四旅于處得其資斧我心不快。

斷曰。旅者出內向外之卦。出使外國。即旅行之象。凡使臣遠適異國。行則授餐。

宿則授館。固其宜也。故曰旅于處。得其賫斧。至舍使任而別謀位置。是得隨望

蜀。恐未能如願以償。宜其中心不快也。迨五爻曰終以譽命則所謀可遂矣。

六五。射雉一矢亡。終以譽命。

象傳曰。終以譽命上逮也。

五爻柔順文明為離之主。離為雉。又為弓矢。故取象射雉。五動體乾。矢動雉飛。

故一矢亡。五自坤三來。坤為終。離為譽。下互巽。巽為命。故曰終以譽命。古者士

以雉為贄。射雉而得是士之進身有階也。五以遠適他邦。得以射雉著能。一時

翕然稱美名譽上聞而來。錫命之慶也。故傳釋之曰上逮也。

（占）問時運。運途柔順。小往大來。終有慶也。○問營商。雖小失有大得也。名利兼

全。○問功名。晚運亨通。聲名上達。○問戰征。有一箭成功之象。○問家宅。聲飛

鳥革。善美堪稱。○問婚姻。二五得應。世稱佳耦。○問疾病。想是身臨矢石以忠

殉難。得有錫命之榮。○問六甲。有桑弧蓬矢之兆。男喜也。

（占例）明治二十四年占某貴顯氣運筮得旅之遯。

爻辭曰六五。射雉一矢亡。終以譽命。

斷曰五處文明之爻。雉鳥之有文者也。故離爲雉射雉得之言能取法文明也。矢發於近。集於遠有旅之象。一矢雖亡一雉可獲小費大得。宜其聲譽上聞也。今貴下占氣運得此爻就卦象論知貴下有奉命遠游之象。就爻辭論知貴下有小往大來之慶。自維新以來國家政令。多取法歐米今貴下皇華奉使遠適異國。一以敦兩邦之好。一以觀上國之風。彼所謂日進文明者。何難一舉而得之。譬如射雉可一矢而中的矣則貴下之聲譽。可遠播於四方。貴下之使命定榮邀夫三錫是可爲貴下預賀焉。

上九。鳥焚其巢。旅人先笑後號咷。喪牛于易。凶。

象傳曰。以旅在上其義焚也。喪牛于易。終莫之聞也。

離爲鳥。艮爲止。故曰巢離爲火。互巽爲木。故曰焚巢。鳥之有巢。猶旅之有次也。

三居內卦之極。剛而過中。故其次焚。上居全卦之極。高而忘危。故其巢亦焚。辭

雖不同。其義一也。三至五互兌。兌爲說爲口。有笑之象。離爲目出涕沱若。有號

咷之象。先互兌後入離。故曰先笑後號咷。本坤體。坤爲牛亦爲喪。故曰喪牛。

牛性最順。旅卦全體以柔順者吉。剛暴者凶。上以剛處極。失其順矣。是謂喪牛。

易。不難也。喪其牛勢必凶矣。象傳以旅處上極。猶如離木上橋。故曰其義焚也。

終莫之聞者。喪牛於易。猶客死於外。無室無家。終无人過而問之者矣。大壯曰。

喪羊喪其狠也。旅曰喪牛喪其順也。狠可喪順不可喪也。

（占）問時運行運已極。高而无與。樂極悲來。凶之道也。○問戰征防有焚營劫塞

之危。○問營商。先小利後大損。凶災疊至可危可危。○問功名有喪无得。○問

家宅有覆巢累卵之危。○問婚姻先成後散先喜後悲凶。○問疾病屬牛者必

凶。○問六甲。生女。不育。

（占例）明治廿四年五月。余游寓大阪。一日侵曉。有新聞記者數人。訪余旅舍曰

今回有一大事變。請爲一占。余詢爲何事。曰大津事變也。筮得旅之小過。

爻辭曰上九。鳥焚其巢旅人先笑後號咷。喪牛于易凶。

斷曰。卦名曰旅。無論爲名爲利。或貴或賤。凡北馬南船遨遊天涯。皆旅人也。旅

人馳逐風塵。猶鳥之翶翔雲霄。鳥之栖集有巢旅之止宿有所。其義同也。上居

高位有貴人之象。高而可危有焚巢之慮巢之未焚安集可喜巢之既焚失所

可悲。故有先笑後號咷之辭牛所以駕車而行也。焚其巢既不得其栖喪其牛。

又不便於行不幾悵悵无之矣。占大津事變得旅上爻處民之極民反爲

震。震爲主器有太子之象上爻又在位外有太子出游在外之象離爲火火炎

上。鳥巢於樹上故象爲鳥焚其巢是巢之焚以高而在上取凶也。今番大津之

變。亦因露爲強國太子又在高位是以有此非常之禍離又爲刀。故傷爲刀擊。

傷在頭部亦應上爻當露太子始來我國禮遇之豐彼此歡洽忽罹此變彼此

驚嘆即所謂先笑後號咷也是日露太子游至大津意在輕車簡易不駕輿衞。

不知此一擊也。正因其易而來。故曰喪牛於易離爲牛。故取象於牛離又爲甲。

聞太子之帽。中有鐵甲。故无重傷卦至上已終。出卦爲巽。巽爲歸。知太子必即
罷游歸國矣。象傳曰終莫之聞。料知太子無恙歸國。在露國亦以狂暴目之置
之不聞而已。至兇犯津田三藏之罪。旅大象曰君子明愼用刑。而不留獄當以
速決無疑。余明晰以斷。新聞記者咸皆驚服。此占爲關兩國交際。未許刊揭報
紙。謹錄以呈扈從諸大臣。

後見大阪朝日新聞報刊載副島伯所論謂津田兇犯。宜速處決。此言正合易
旨也。

巽爲風

巽爲風

序卦傳曰。旅而無所容。故受之巽。巽者入也。爲卦二陽在上。一陰伏下。陽實陰虛。虛則能入。風無形無色。本虛象也。風之所行。無隙不入。是物之虛而善入者。莫如風。巽下畫二偶爲虛。故象風以卑順爲體。以容入爲用。此卦之所以名巽也。

巽。小亨。利有攸往。利見大人。

巽本乾體。乾德元亨。亦稱大亨。初動成巽。純剛化柔。故爲小亨。卦象言利有攸往者。大過恒益皆取巽也。過剛之人所往必窮。巽以坤初一陰入乾。以柔濟剛。眂勉前往巽爲利。故利有攸往。大人指二五。巽二五皆乾體。乾二五皆利見大人巽之象辭從乾來。乾爲利。上互離離爲見。故巽象亦曰利見大人。

象傳曰。重巽以申命。剛巽乎中正而志行。柔皆順乎

剛。是以小亨利有攸往利見大人。

卦象上下皆巽謂之重巽巽爲命申亦重也申以初四爲

柔得坤氣爲卦之主四剛在上爲卦之用故傳特著之曰剛巽用剛之過患在

不得其中正而用剛莫善於巽故傳又曰剛巽夫中正夫是以柔之行皆剛之

行剛之行亦柔之行斯令出風行捷如影響而無不如志也。初四之陰柔適協

夫二五之陽剛。故又曰柔皆順乎剛陽陽爲大陰爲小故曰小亨。自下往上謂之

往。陽剛在上。故利於往大人者秉陽剛之德者也。故利於見是即所謂順乎剛

也。順乎剛者必善用柔此巽之所以爲巽也。

以此卦擬人事。正義曰若施之於人事能自卑巽者亦无所不容是人事之善。

莫善於用巽也。卦體上下皆巽顯見巽而又巽凡有作爲只能附剛而立不克

自樹所成不大。故曰小亨夫人不能無所往也。亦不能無所見也。往必求其利

見必以大人。固人之所願也。然卦體一陰爲主。二陽俯從全在用巽象爲重巽。

是其人秉性柔順。一言一語。必爲之審愼周詳從容曉諭所謂巽與之言是也。

然巽言而人不繹者弊在偏於巽耳故巽必兼以剛而巽乃善謂之剛巽是法

與巽並用婉而得中順以爲正斯令出唯行謂之剛巽乎中正而志行也究之

其志得行其道未宏何也以其柔順乎剛是以小亨巽爲進退進即往也風無

往而不入故往有攸利說卦傳曰齊乎巽相見乎離離爲大人故巽曰利見

大人蓋人以身涉世行則有往用則求見道宜剛柔相濟義以中正爲衡大象

曰君子申命行事道亦不外乎是矣

以此卦擬國家巽之爲象行於天上爲風行於國中爲命者彼蒼之號令其

入物也無所不至命之者人之號令其入人也又無所不至故上卦爲政府上

順天命以發命令而無拂民心下卦爲人民順承朝廷之條教而無敢背違上

以巽道化下下以巽道事上上下皆巽所謂君子之德風小人之德草草上之

風必偃者爲國家安泰之象也然天下之事濟以陽剛則道宏處以陰柔則量

隘此卦以陰爲主才力弱而展布者微謀爲疏而設施者淺不中不正雖亨亦

小矣係辭傳曰巽德之制也又曰巽以行權所謂德者必柔克剛克之相兼也

所謂權者。必可立可權之並行也。昔者於變之朝。謨陳九德。寬栗剛塞。相輔而

行。發號施令罔不用中于民。而四方于以風動者。有由來矣。此即所謂剛巽乎

中正而志行也。大象曰隨風巽。撓萬物者莫疾乎風。諾四方者莫不有命風流

令行政教如此其遠布矣。往者以順而往。見者以順而見。六爻以其柔順乎剛。

是以多吉。上爻失其所以爲巽則凶矣。

通觀此卦卦體一陰伏二陽之下。陽上陰下。情本相得。而陰又能下。其入陽也。

陽遂俯聽其令。是以陰爲主。而陽爲從也。故巽之陰。能權能制。非優柔而寡斷

也。卦畫一偶象虛。凡物虛則能入風。亦虛也。故取其象於風風行而萬物鼓舞。

令出而萬民率從。風有聲無形。命亦有聲無形。故取其象。善令民者。卑虛以察

閭閻之情。然後從容曉諭。命之既申。然後畫一遵守以考厥成。所謂剛巽乎中

正而志行。四之所以有獲。五之所以无不利也。惟其柔順乎剛。故六爻多吉。初

之進退。二之紛若其謀審也。故其命順。若謀不審。是非不明。可否不衷。徒以甘

言爲驩娛。誰其順之。不巽之咎。起于自用。故下卦謀順出命。上卦行命爲事。初

志疑而不斷。二詳審折衷。三不中正。不能謀。又不能斷。四以斷有功。五制命中

正而志行。上巽懦无能。甚於九三。其究爲躁。故凶巽者。選也。與算通算。故能權。

權者謀也。巽稱而隱。非唯諾詔奉之謂也。以天下之至柔馳騁天下之至剛益

辭曰武人曰田獲曰資斧其象爲高爲長故巽非徒柔也。陰陽剛柔相濟爲用。

若以陽乘陽則陽無所施以剛用剛則剛無所入陰虛以承陽柔順以用剛故

用剛莫如巽此象所以謂之小亨也然則五之象曰先庚後庚者何也巽與兌

相往來巽位東南。天干甲木兌位正西天干庚金木柔而能剛。故從直金剛而

能柔故從革。木之性上逹歸根於土故順下。金之性下沈利于致用。故悅上順

故從繩而理解悅故從革而嚮利巽之時爲春兌之時爲秋萬物齊于巽悅于

兌。一出一入。一始一終。而天地西南之用畢二卦相資金反爲木則爲後甲。

隨之兌反爲蠱之巽兌爲先甲自秋還春有事之象也木反爲金則爲後庚。故

巽上反爲兌下則巽爲先庚自春往秋悅利之象巽入而隱伏則不悅故反兌。

兌出而毀折則不順故反巽然兌未有不順而能悅者金未有不資木而能利

者。故巽以陽順陰而來下。兌以陽悅陰而往上。往來屈伸自然之法象也。此巽

之不爲蠱者唯以九五之一爻而已。聖人戒人君制命於未亂因以蠱之彖辭

爲巽之爻辭。在蠱振飭更新治亂相循故先甲後甲終則有始在巽勿勞更始。

惟申命行事。故先庚後庚无初而自有終也。蓋甲有初庚無可爲初庚後三日。

以癸終而已。苟顛覆自用以爲命與委靡阿順以爲巽者皆非申命之治而蠱

且至也。是爻所以戒九五也。

大象曰隨風巽。君子以申命行事。

隨者相繼之義申命行事者伸告君命而奉行之也。巽爲從從者隨也。又巽爲

風以風隨風。無乎不入故曰隨風隨風者猶言從風即重巽之謂也。風行相隨。

所向皆靡號令所施順合民心民無不從所謂君子之德風也。又上卦之巽爲

大君施命之象下卦之巽爲臣民奉命之象。夫君命臣行。君臣之大義也。故曰

君子以申命行事。

（占）問時運運途順遂百事盛宜。○問營商商業最宜隨機應變聽命而行斯可

獲利。○問功名風從虎有虎變之象焉。○問戰征軍令之行。捷如風火令出唯

行無可遲疑。○問婚姻憑父母之命媒妁之言禮之正也夫唱婦隨百年偕老。

吉。○問疾病是風痺之症須人扶持而行○問訟事須重申稟訴○問失物爲

風飄失。須重番尋覓或可復得。○問六甲生女。

初六。進退利武人之貞。

象傳曰進退。志疑也利武人之貞。志治也。

初爻陰柔居下為巽之主巽順也柔順少斷故象為進退狐疑不決。每見於發

念之初。蓄疑敗謀此志之所以不治也巽反成兌兌為武人武人果決足以斷

疑。故曰利武人之貞貞者正也斯剛強奮發之氣可以矯逡巡畏縮之偏象傳

釋以志治是以武治疑即以兌制巽也。

（占）問時運運途不正心神猶豫是以謀事皆顛倒無成。○問營商巽本為利因

巽

疑而敗以斷而成。知猶豫者必難獲利也。○問功名。就武可成。○問婚姻不在

彬彬文士。而宜桓桓虎臣。○問家宅。此宅朝東南地位不當。進退不便。宜改朝

西為利。○問六甲。生女。

(占例)友人某來。請占氣運。筮得巽之小畜。

爻辭曰。初六。進退利武人之貞。

斷曰。巽者。風也。風之為物。或東或西。來去無常。猶多疑之人。進退無定也。武人

者。取其剛果能斷也。今足下占氣運。得此初爻。巽為七八月之卦。巽又為木。知

足下現交木運。時值初秋。木因風吹。搖動不定。喻言人心疑慮。以致進退不決。

武人者。蕭殺之象也。天以蕭殺而成秋。猶人以剛決而成事。足下一味巽柔。臨

事不斷。渾如隨風飄蕩。毫無定見。本為畏事。不知反以多事。勸足下當以**沈潛**

剛克處之。為得其正矣。

九二。巽在床下。用史巫紛若。吉。无咎。

象傳曰。紛若之吉得中也。

巽為床。床下為初。巽以一陰在下。故曰床下。凡陰氣中人。必使其人神魂不定。

疑鬼疑神。若有物憑之者焉。非用剛克。不能去其疑妄。史者掌卜筮之官。巫者

掌祓禳之官。皆取諸兌象。兌又為附決。用史以釋疑。用巫以禳災。斯得感格於

上下神祇。而吉祥彙集也。故曰紛若吉。紛眾多之稱。若語辭。象傳以得中釋之。

謂能行得其中。以感孚夫神祇是以有紛若之吉也。

（占）問時運得神明保佑運途多吉。○問營商。凡販運貨物有不決者。宜問諸卜

筮。自能迪吉。○問功名得有神助吉。○問戰征。地位既低。進退兩難。當此之時。

惟告求神明。自可獲吉。○問婚姻卜之則吉。○問家宅宜禱。○問疾病宜

祭禱床公床婆。自得无咎。○問六甲。生女。

（占例）某縉紳來請。占方今時勢筮得巽之漸。

爻辭曰。九二。巽在牀下。用史巫紛若。吉无咎。

斷曰巽者。柔順也。其為人必柔弱無能。亦優柔寡斷。九二曰巽在床下。有匍

匐床下。俯首乞憐之狀也。足下占時勢得此爻辭。知方今時勢朝野上下。一以巽

諛成風以忠厚為迂疏以奸詐為得計。所謂伺候於公卿之門。奔走於形勢之

途。今之士大夫所恃為進身之要策也。不知愈趨愈下。世道日衰。而禍患之來。

皆其自取。爻辭曰用史巫紛若吉。蓋明示以卑巽之道。用之權貴則謂諂諛。用

之於神明則謂誠求。誠求於神。神必佑之。是以吉而无咎也。足下有心挽回時

勢。可知所從事矣。

九三。頻巽。吝。

象傳曰。頻巽之吝。志窮也。

陽

三爻以陽居陰。處下巽之極。頻者數也。下巽終而上巽接。故曰頻巽。所謂剛巽

乎中正。固非徒取夫巽也。九三乃亟亟于巽以繼巽。若一巽為不足。而又加一

巽焉。是第知巽之為巽。而不知制巽之道。偏於巽者也。偏則吝矣。吝則窮矣。象

傳以志窮釋之。三居巽之終。志卑道屈。是終窮也。

(占)問時運。目下運途卑低。未免爲人所賤。○問戰征。一味委靡。力弱志衰難以免辱。○問功名。卑而又卑。所得亦微矣。○問營商。巽順過甚。未能與人爭強。何能獲利。○問婚姻。門戶低微。成亦可羞。○問家宅。屋宇低小。必是貧窮之戶。○問訟事。因弱被欺。咎亦自取。○問六甲。生女。

(占例)友人某來。請占氣運。筮得巽之渙。

爻辭曰。九三。頻巽吝。

斷曰。九三處內外卦之間。巽而又巽。謂之重巽。是一味委靡不能免禍。反致啓羞。足下占氣運得此爻辭。知目下運氣柔弱無力奮興。當以象所謂剛巽乎中正者處之。斯巽得其濟。而足以自強則其志可行。其道不窮矣。

○明治三十年占貴族院氣運。筮得巽之渙。

爻辭曰。九三。頻巽吝。

斷曰。爻曰頻巽。是上下皆巽。正義以頻爲頻感憂戚之容。謂志意窮屈不得申

逐處巽之時。只得受其屈辱。故曰頻巽。吝。今占貴族院得此爻辭。知方今院中

議員皆以巽順爲懷行巽之道。處巽之時。志窮力弱只得受其屈辱以致頻感

不樂也。本年貴族院必无功績可見。

六四。悔亡。田獲三品。

象傳曰。田獲三品有功也。

四爲重巽之主。得中而順可剛。故悔亡四與初同體。初曰利武人。取離之爲甲

冑爲弓矢。四曰田。亦取離之爲網罟也。其象亦相同。周禮四時之田皆前期示

戒及其聽命。即大象所云申命行事之義也。獲田所獲也。三品者。一乾豆二爲

賓客三爲充君之庖。象傳以有功釋之。如詩豳風所咏。獻豜私豵。載續武功。謂

致禽饈獸而有功也。一云。解九二曰。田獲三狐。言去小人也。巽九四曰田獲三

品言用君子也。

(占)問時運運途得正災悔俱亡。出而有功也。○問戰征從東南進兵。自得斬獲

有功。○問功名。當以獻功獲賞出身成名。○問營商。當以采辦皮革羽毛等品

致富。○問婚姻。婚禮古時弋禽射雀。亦田象。○問疾病曰。悔亡。病必可愈。○問

失物可得。○問六甲生女。

（占例）橫濱某商來謂曰。僕今欲謀一事。請占其得失筮得巽之姤。

爻辭曰。六四。悔亡。田獲三品。

斷曰。巽爲近市利三倍之卦。六四爲重巽之主足以當之。今占得四爻。四悔亡。

田獲三品。是明言无悔而有獲也。子之謀事其有大利可知也。子勿疑舉全力

而從事可也。某大喜。乃彙集資金直赴日光會津地方采買人參。轉售與清商。

果得大利云。

九五。貞吉。悔亡。无不利。无初有終。先庚三日。後庚三

日。吉。

象傳曰。九五之吉。位中正也。

九五居卦之尊。中而且正。是即剛巽乎中正之大人也。故諸吉俱備。先庚三日

爲丁。丁者。取丁寧告誡之意。後庚三日爲癸。癸者。取癸度周詳之義。卦體五動

成蠱。蠱六五日先甲三日辛。後甲三日丁。巽九五日先庚三日丁。蠱終于丁。而

巽則始於丁。不始於先甲之辛。爲无初也。癸爲十干之終。巽終後庚之癸爲有

終矣。故曰无初有終。蠱爲三月之卦。春旺於木。故用甲。巽爲八月之卦。秋旺於

金。故用庚。木腐生蟲成蠱。巽用金尅之。斯不至變而爲蠱矣。故蠱用甲。而有小

悔无大咎爲用庚。乃得貞吉。而悔亡。象傳即以位釋之。謂其中正而得吉也。凡

六十四卦中。於九五言貞吉悔亡者。惟此一卦而已。

(占)問時運。逢丁癸日作事无往不利大吉。○問營商生業宜取木爻日辰宜用

金日。初有小悔。後必大利吉。○問功名。位得中正。爻日貞吉。逢丁癸之年必得

成名。○問戰征。其於師旅必丁寧以告誡。其於地勢必周詳以揆度。臨事好謀。

先後不息。故戰無不勝。大吉。○問婚姻。丁火癸水。水火相妃吉。○問家宅。其宅

坐北向南。地位中正。大吉。○問疾病。三日可愈。○問六甲。生女。

（占例）明治二十四年。占某貴顯氣運筮得巽之蠱、

爻辭曰。九五。貞吉悔亡。无不利无初有終。先庚三日後庚三日吉。

斷曰據爻象而論。氣運以金水爲旺相。自丁至癸七年間正交盛運所謂貴牖

悔亡无不利也。大象曰位得中正。知貴下本年必墬晉顯職祿位益隆正當有

爲之時也。卦體九五動變六五爲蠱蠱者腹內蟲也。喻言國政之內亂也。貴下

能法乎巽之用庚庚者更也。以巽行權因時制宜更舊從新命必以丁寧申之。

事必以揆度行之象所謂用巽乎中正而志行者是在貴下焉。

上九。巽在牀下。喪其資斧。貞凶。

象傳曰。巽在牀下。上窮也。喪其齊斧。正乎凶也。

上與初爲終始。初在下多疑既示以武人之貞至於上居卦之極位高貴重任

事益當勇決何得一味畏葸。自甘退伏同於二之牀下。宜其高而益危。無以自

立也。齊斧者。虞喜志林云。齊當作齋。齋戒入廟而受斧謂上身居高位入廟受

斧。自足振其威權者也。蓋即初利用武人之義。乃巽順不斷。失其威權。是即所

謂喪其齊斧也。畏事而事益滋禍避禍而禍反集。故曰貞凶。傳以上窮釋。在牀下。

以上之高居廊廟畏首畏尾。無巽伏處牀第。其窮為可哀也。以正乎凶釋貞凶。

明過巽者之失其正矣。失其正是以凶也。

(占問)時運運途不正。作事委靡愈高愈危。有喪無得凶。○問戰征。身為主帥畏

首畏尾必致喪師辱國身亦危矣。○問營商可斷不斷因循失時。耗損必大。○

問功名。必不能保其終也。○問婚姻有懼內之象。難期偕老凶。○問家宅主有

喪服凶。○問六甲生女。

(占例)明治二十四年占國運治亂筮得巽之井。

爻辭曰。上九巽在牀下。喪其資斧貞凶。

斷曰。上九處卦之極極則思反正當有為之時。上爻地甚高。更事既多。任事愈

重威權在手。正可獨斷獨行國家當此隆會得此人材奮然振作。力求富強。不

以巽懦自安。則反弱為強。轉貧為富。不難且夕期之所患安於目前不期上理。

委靡不振。甘居人下。一切邦交等事。皆畏葸聽從。不自爭強。商務來往。既喪其
財。國事交涉。又喪其威。是所謂喪其資斧也。維新以來。政府所急急圖治者。雖
以取法歐米爲善策。然所取法者。多在皮毛。未得窮其精蘊。故事事出於歐米
之下。是即所謂巽在牀下也。爲今之計當重申命令相期與天下更新。無因循。
無苟且。當奮斧鐵之威以行其剛巽之志。斯武備修明。即駕於歐米之上不難
矣。是治道日隆之休也。所願秉國政者努力圖之。

兌爲澤

䷹

卦體一陰出於二陽之上。二陰在下。上承一陰。象如澤之瀦水。澤以潤生萬物。猶兌以悅服萬民。其義相同。此卦所以取象於兌爲澤也。

兌亨利貞。

兌本乾體。坤三動來入乾成兌。兌之亨利貞。即乾之德也。乾之四德配四時。兌主秋。在夏冬之間。得兼三德。獨不及元。故曰兌亨利貞。

象傳曰。兌說也。剛中而柔外。說以利貞。是以順乎天而應乎人。說以先民。民忘其勞。說以犯難。民忘其死。說之大。民勸矣哉。

序卦傳曰。巽者。入也。入而後能說之。故受之以兌。兌者說也。卦體以二五爲中。

坤神高島易斷

以三上為外以九為剛以六為柔兌二五皆九。故曰剛中三上皆六。故曰柔外。

合之謂剛中而柔外利貞者。剛中之德。誠於中也說者柔順之象形於外也故

曰說以利貞。卦以坤交乾。乾為天亦為人剛者天德說者人心故曰順乎天而

應乎人。孔子論政曰先之勞之。謂為政者當先以說豫撫民。而後使民任勞。而

民不辭其苦使民犯難而民不顧其身是可佚可勞可生可死民皆相說于無

言。而莫知其故說之道于是為大勸矣哉謂民之已說者因說即未說者亦將

聞風而說服矣。為能使民之咸相勸勉也

以此卦擬人事。說卦傳曰兌正秋也萬物之所說也故曰說言乎兌。蓋時至秋

而成熟而人得其食用喜其豐盈斯百事亨通人心自然歡悅矣。故傳曰兌說

也。兌為口舌。是笑言之出於口也。兌為輔頰是歡容之見於面也。兌屬柔是謂

柔外世之好飾外貌者往往以容悅為工其品愈卑其心愈偽脅肩諂笑。無所

不為只知求悅而不知悅在利貞也只知媚人而不知說在順天也何也以其

無剛中之德也兌之剛中在二五。故能剛中而柔外剛中即利貞也二五之爻。

皆曰孚孚者孚於剛中耳得其孚則事事皆亨。即人人皆說。無勞而

人亦不辭。無難可也。有勞而人亦不懼道。在有以先之也。乃即所以

勸之有其勸之。乃即所以悅之。勸因說不勸亦悅而人皆欣欣然有喜色矣。是

人事之至順也。亦順天而已矣。

以此卦擬國家。兌大象爲麗澤。麗猶連也。是上下皆澤。上以澤歎下下以澤感

上。感斯說矣。然一以柔順撫民。有恩無威。民必悅而不懼。一以剛柔御民有威

無恩。民必畏而不悅。是未足爲利亦未足爲貞也。說亦安可恃乎。兌之所以能

說者在二五之剛。得其中耳。二五上之柔。施於外。謂之剛中而

柔外。說以柔。說以剛。實悅以利貞也。上兌之說象取順天。下兌之說象取應人。

天德好剛。人心喜柔。順天而天弗違。應人而人咸格。是所謂順乎天而應乎人

也。如是而說以先民。民有任勞而不覺。說以犯難。民有視死而如歸。所謂以佚

道使民雖勞不怨。以生道殺民雖死不怨。殺者是也。是以未嘗求民之說。而民

自中心而誠說。忘勞忘死。說之至也。故說道之大。在使其民自勸。傳不曰勸民。

而日民勸是不期其勸而自勸其歡欣鼓舞之情。可從兩忘字中。想像得之矣。

上古之世。君臣之間。歡然莫逆。理之所是則相與都俞。不以為說。理之所非則

更相獻替。不以為睽。如鹽梅之相和。如水火之相濟。此說而正者也。即說之大

者也。六爻言兌。各分剛柔。四剛皆君子。二柔皆小人。和兌孚兌。得其吉矣。有喜

有厲當其位矣。三來兌來必多凶。六引兌引。亦未光。國家當此宜抑柔進剛。斯

說得其道焉。

通觀此卦。此卦次巽。巽者二陽在上。一陰入下。故陽順而下來。兌者二陽在下。

一陰出上。故陽悅而上往。與巽相反。於方位兌者西也。利美而和。其氣為金。從

革而新。其決斷快利。其音響鏗鏘。故其德為悅。於四時巽木春也。離火夏也。兌

金秋也。天以三時生物。木氣發生。金氣收斂。巽兌相反。而適以相成。中皆互離。

三時相因生剋。自然之運也。大抵兌悅之情。在和順。而兌悅之氣。主肅殺和順

者柔也。肅殺者剛也。故以柔為悅。其弊必流於諂諛。以剛為說其德乃在於利

貞。卦內初二四五皆剛爻。得其正也。三上皆柔爻。失其正矣。初之和兌。得象之

利二之孚兌得象之貞四之喜喜即在於利也。五之屬屬即取其貞也。至三之
來兌說以要結以來故有凶上之引兌說牽連而引故未光是傳特著其德曰
剛中柔外示其用日順天應人極其效曰民忘其勞民忘其死而所以致其說
者。其道在先其功在勸其義則愈推而愈大。

大象曰。麗澤兌。君子以朋友講習。

麗者連也。麗澤謂兩澤相麗。是互相滋益也。朋友者以互相講習為益。故象朋
友。兌為口故象講習論語首章以學而時習為說以有朋遠來為樂是說之
要。莫大朋友講習。此君子所以取其象於兌也。四爻曰商兌商者。相與講論之
義。其象亦取之麗澤。

（占）問時運運途平平能得眾心自然獲吉。惟逢三六之年不利。○問營商得人
扶助可以獲利。○問功名賴朋友之力可成。○問戰征屯兵陂澤之地。宜於兩
後營相約進攻可以獲勝。○問婚姻必是朋友舊好。○問家宅宅臨澤水宜奧

朋友同居。○問疾病宜延相熟醫師並診方可全愈。○問訟事宜請朋友公評。

不必涉訟。○問六甲生女。

初九。和兌。吉。

象傳曰。和兌之吉。行未疑也。

初居卦首體得乾剛和兌者即和悅也。乾曰利物和義。是和即象之所謂利也。

人當初交便覺和衷相濟以斯而說。說得其正矣。故吉。傳曰行未疑也。謂人私

曲疑慮。每生於轉念。當其初一片天心固未嘗間以人慾也。和兌在初順天而

行。疑於何有。故不曰無疑而曰未疑。

(占)問時運運當初爻。以和為貴萬事獲吉。○問戰征師克在和民兵咸說有不

戰來歸之象。○問營商兌為正秋萬寶告成天地自然之美利也。營商得此吉

無不利。○問功名得祥和之氣吉。○問婚姻有家室和平之樂。○問家宅一門

和氣吉。○問行人行當即歸無疑。○問訟事即可和解。○問六甲生女。

爻辭曰。初九和兌吉。

斷曰。此卦一陰在二陽之上。以柔之卑居剛之上。初爻得陽剛剛以嚴柔以和。以剛制柔所謂和而不流者也。今足下占謀事得此爻爻屬於初知其事尚在初起和者爲彼此同心和衷共濟初與四應四曰商兌商量也正合謀事之意。初爻傳曰行未疑謂其事必成無疑也。四爻傳曰有慶謂其事成後又有慶福也。足下安心從事可也。

九二。孚兌吉。悔亡。

象傳曰。孚兌之吉。信志也。

二居下卦之中以陽居陰即象所謂剛中也。二與五應孚兌者。二孚於五。五亦孚於二。兩相孚即兩相說。二爲臣。五爲君。是君臣一心相孚而相說也。故吉。夫上下之心不相孚則上下必不相說。是以有悔。既得其孚悔。悔自亡矣。象傳以信志釋之。謂孚即信也。以其志之可信。故得吉也。

(占)問時運。運得中正。衆心交孚。是以有吉无悔。○問戰征。上下一心。令出惟行。有四夫不可奪之志。戰无不克吉。○問營商貿易。雖在逐利。要必以信爲本。有信則彼此无欺。而商業乃可通行矣。○問婚姻。二五相孚。是陰陽相偶也。吉。○問家宅。有孚攣如富。以其隣。謂能與隣家併力致富也。○問功名。中孚二爻曰。我有好爵。吾與爾靡之。有父子同升之吉。○問疾病。是因疑致疾。今旣得相孚。災悔自亡。○問六甲。生女。

(占例)友人某來。請占氣運。筮得兌之隨。

爻辭曰。九二爻。孚兌。吉悔亡。

斷曰。九二爻得剛中。剛中而孚。孚非阿好。旣得相孚。無不相說。是以吉而悔亡也。人生氣運。亦貴得其剛中耳。剛則任事有肝膽。中則任事無私曲。志氣剛强。運途中正。自然事事獲吉。今足下占得此爻。知足下目下氣運旺相。論兌爲金運。以金水兩運爲佳。兌爲秋歲。時以屬秋令爲佳。大象取朋友講習。足下當擇朋友遠小人。近君子。自得相扶爲益。悔去而吉來也。

〇明治二十八年。占我國與美國交際。筮得兌之隨。

爻辭曰。九二。孚兌吉悔亡。

斷曰孚者信也。中孚象辭曰說而巽。孚乃化邦。是知邦交之道。最宜信義相孚。使兩無詐虞。化干戈爲玉帛。寶兩邦之幸福也。今占我國與美國交際得此變辭可知我國與美兩國交際。此後最爲親密。謂之孚兌吉悔亡。

六三。來兌凶。

象傳曰。來兌之凶。位不當也。

三爲兌主。即象所謂柔外也。以柔招說。故謂之來。初曰和。二曰孚。是不期說而自說。有相說於無言耳。若專以陰柔說人。亦以陰柔而致人說。則所以來說者。皆不以其道。則上下相蒙。適以長詐僞之風也。故凶傳以不當位釋之。謂一陰居二陽之上。其位不當。欲以柔道致說。其說也皆由强致而來。是失剛中之德矣。

（占）問時運。人品卑鄙。專以詔笑求悅。未免爲人所賤矣。○問營商。通商之業。固

宜和說相招。然說不以道。爾詐我虞。是失商道之正也。○問功名。奔競而來。雖

榮必敗。○問戰征。要結招徠烏合之衆也。不能久持。○問婚姻。有始合終離之

象。○問疾病。病有外祟。其象本凶。三至四隔一爻。早則一日。遲則一月。可望愈

快。○問訟事。是外來之禍凶。○問六甲。生女。

（占例）明治二十四年。有友某來。代占某氏氣運。筮得兌之夫。

爻辭曰。六三來兌凶。

斷曰。兌者說也。其說宜就心中而出。不貴外襲而來。中出者誠也。外來者僞也。

三日來兌。是專以飾外爲說者也。今君代友占氣運。得兌三爻。三以陰居陽。爲

兌之主。位本不當。其象專屬陰柔。好以巧言說人。知此友心地不正。頗有口密

腹劍之象。未免凶矣。大象曰。朋友講習。君既誼屬朋友。當隨時勸戒。務令去僞

存誠。乃得化凶爲吉。

九四。商兌未寧。介疾有喜。

象傳曰。九四之喜。有慶也。

介。謂節操堅固之義。同豫之六二介于石之介。又兩間曰介。四爻在三五之間。上承五之剛中。下比三之陰柔。是以一身介君子小人之間者也。商商量也。兌爲口。有商之象。四與初同體。初爲事始。無所疑慮。故不待商。四則處上下之交。用剛用柔皆須商確。故曰商兌。商之而意難遽定。則中心游移。故曰未寧。因憂成病。故曰疾。然未寧者終必寧。介然而疾。亦介然而喜矣。兌通艮。艮上兌下爲損。損四曰損其疾。使遄有喜。其旨相同。象傳以有慶釋之。謂商而後寧。疾而有喜則剛柔得中。天人相合。喜在一人。慶在天下矣。

(占)問時運。運途未穩。逆則有憂。順則有喜。萬事宜斟酌行之。〇問營商。四多懼。營商在外。必有憂懼不安之事。商量出之。方得有喜。〇問功名。功名必從艱苦患難而來者。方得大就。〇問婚姻。一時疑懼未成。必待媒妁再三說合。終得成合有喜。〇問家宅現下宅中不安。致多疾厄。兌爲秋必待秋時得以平安有喜。

〇問疾病病由心神不安所致。得逢喜事胸懷寬悅自愈〇問六甲生女。

（占例）某氏來。請占某縉紳之運氣筮得兌之節。

爻辭曰。九四。商兌未寧。介疾有喜。

斷曰兌者悅也。未寧者不悅也。兌而曰商。是介在說不說之中。未寧若有疾得

寧則有喜賴此一商之功耳。四處內外之間。又當剛柔之交。輕重皆須商

酌。故曰商悅未寧。介疾有喜。今占氣運得兌四爻。知人生氣運。亦無中立從正

則吉從邪則凶。在人自取擇耳。擇而安。醫若疾之在身。不能無憂擇之既定。

自覺病去身安。喜從中來。四近君位有貴人之象。能以商度事宜。上輔君德。下

協民心慶何如之。此功此德正賴某縉紳也。

九五。孚于剝有厲。

象傳曰。孚于剝。位正當也。

五處外卦之中。秉乾之剛。即象所謂剛中也。說以利貞。五得其貞焉。兌爲秋剝

九月之卦。當兌之未孚而至剝。是孚之極也。其不言兌者。至五兌說旣深渾若

相忘。故不見爲兌。而衹見爲剝剝者。即勞與難之事也。勞之難之事雖爲民而

王者則視之若剝也。忘勞忘死。王者雖以爲剝。而民實不知其爲剝也。故曰孚

于剝。至此而民已視危爲安王者猶以安爲危。故曰有厲事本無厲有者在君

之心。亦凜凜乎其有也。五居尊位固當然也。傳釋以位正當謂居此位者皆當

存此心也。

（占）問時運。位得其正。運當其盛。盛極則剝。尤當預防。能時時防剝斯時時得盛

矣。○問戰征孚於剝者。謂當生死存亡之地。軍兵一心感激奮勇。而不以爲剝。

誠可謂衆志成城。無往不克矣。○問營商剝者剝削也。雖有剝削而深信无疑。

必有大利。○問功名。能安命雖剝必亨。○問疾病有剝膚之疾速治則愈。○問

六甲。生女。

（占例）明治二十二年。友人某來。請占氣運。筮得兌之歸妹。

爻辭曰。九五。孚于剝有厲。

斷曰運當九五。陽剛正中。本屬盛運。爻曰孚于剝言其相說无言。雖剝亦孚安
不忘危。有特患預防之象。亦有持盈保泰之道。象所謂說以利貞。唯五當之。今
君占氣運得兌五爻。知君目下氣運得當。剛中柔外。眾心咸孚。雖有剝削。亦得
相說以解。事事安和得行其志。但在君心中若以為剝若以為厲則剝無不復。
厲無不安也。五與二正應。五雖不言吉二之吉即五之吉也。

上六引兌。

象傳曰。上六引兌。未光也。

上六辰在巳。得巽氣。巽為繩有引之象。兌又旁通艮。艮為手。是以能引。故曰引
兌。六與三同體。三失位。六引之使應已。是因其來而引之。來既不正引亦不當。
而說更失其道矣。爻雖未判吉凶要之後事之失。亦所難免。故傳以未光釋之。
乾為光。六變乾為坤。故曰未光。凡易稱引者。多在陰爻。萃六二曰引吉。自五引

二引而升也。引在於上。故吉。此爻曰引兌。以六引三。引其來也。引在於後。故未光。

(占)問時運。上爲卦之終。行運已極。必藉人引拔。而能行無吉無凶。平平而已。〇問功名。雖得他人薦引。亦已晚矣。〇問營商。得人引導。方可交易。上在卦外。是出洋經營也。未光者。未能大得利也。〇問戰征。兌屬正西。引兌者。相引而入西也。是引兵向西。與三合隊。但當上爻。時會已遲。恐未必能奏功也。〇問疾病。內邪能引而外達。乃得望愈。〇問家宅。宅地純陰。與三合體。防有內外牽引之患。〇問婚姻。爻象皆柔。恐是勾引而成。非夫婦之正禮也。〇問六甲。生女。

(占例)明治二十二年。占某貴顯氣運。筮得兌之履。

爻辭曰。上六。引兌。

斷曰。上爻處外卦之極。無可復進。凡物極則變。有反而思退之象。爲今某貴顯。占得此爻。知貴顯久居高位。有倦勤之念。意將引身退隱。以自娛樂。謂之引兌。是年冬。某貴顯辭職歸隱。

卦體乾四與坤二易位。乾變巽。坤變坎。合而成渙。渙者。散也。坎為水。水之散。萬

派分流。巽為風。風之散。四郊徧被巽上坎下。象取風行水上。是風水相遭。水則

悠然長逝。風則過而不留。有渙之象焉。此卦所由名渙也。

渙亨。王假有廟利涉大川利貞。

正義曰散難釋險。故謂之渙。難散則理平。險釋則心通。故亨。卦體三陰三陽。自

乾坤來。乾為王。故曰王。旁通豐。豐象辭曰王假之。故曰假。上互艮艮為崇廟。故

曰有廟。坎為大川巽為利下互震震為足有涉之象。故曰利涉大川。廟者。鬼神

之所在也。中庸言鬼神之德洋洋乎如在其上。如在其左右。渙之至盛者也。大

川眾流之所歸也。注焉而不滿。酌焉而不竭。渙之顯著者也。於假廟見揚詡之

盛。於涉川得利濟之宏。然渙雖主散形象則發揚於外。而精神貴凝聚於中。故

増補高島易斷

曰利貞。

象傳曰。渙亨。剛來而不窮。柔得位于外而上同。王假

有廟。王乃在中也。利涉大川。乘木有功也。

序卦傳曰兌者說也。說而後散之。故受之渙。蓋以渙繼兌。謂能說則渙。渙則亨。

是渙之亨。亦即兌之亨也。為卦坎剛自乾而來。坎水長流。無有窮極。故曰剛來。

而不窮。巽柔得位於外巽風行水飄然俱往。故曰柔得位乎外而上同。是剛在

中而不窮於險柔在外而得與五同。所以能散釋險難而致亨通也。至險既

散王乃有事廟中得以精誠上假。故傳釋之曰。王乃在中。是就其德而言之。涉

川者涉難也。即繫辭所謂舟楫之利以濟不通。蓋取諸渙者是也。故傳釋之乘

木有功。是就其象以譬之。

以此卦擬人事。一身所患胸懷不暢則疾生意氣不舒則爭啓。一家所患內外

間隔則弊成。上下壅阻則亂作。有以渙之。則百弊解散。而萬事亨通矣。譬如雲

霧陰冥。得風而消解。譬如溝澮汚濁。得水而流通。此君子所以取象於渙也。人

生作事。每患性質之多偏。亦患位置之不當。如能剛來而濟柔。動于內而無險

困之難。柔往而輔剛。止于外而無違逆之乖。斯无往不利。亦无事而不亨也。行

見積其誠以事神。而鬼神來假。因其利以涉難。而舟楫有功。是皆因濟而推及

之也。蓋渙于內則氣暢。渙于外而理順。渙以處已即心平。渙以待人則情洽。一

生疑慮渙然冰解。渙之爲用甚神矣。

以此卦擬國家。國家之於人民。欲其聚不欲其渙也。國家之於財用。宜其聚復

宜其渙也。而獨至於險難則務取其渙焉。險不渙則危。无以濟難。不渙則亂。無

以銷王者秉剛中之德。處至尊之位。欲以解天下之紛亂散天下之欝結。挽回

國運之困阨。使斯民咸得其歡悅。此渙卦之所以次兌說也。卦以九二爲剛。二

自乾來。故曰剛來以六四爲柔。四爲陰位。故曰得位。剛不窮。而渙乃見其亨柔

同上而渙自得其正焉。推之渙以享祖假廟。所以盡其誠也。於以見鬼神之德

之盛矣。渙以致遠涉川所以濟其險也。於以見舟楫之功之普矣。蓋天以風之

增補高島易斷

疏散化育羣生地以水之流通貫注四海王者亦取其象以平天下之亂以解

萬事之紛者莫如此渙而已。

通觀此卦渙者離也離者復合散者復聚故全卦有離合散聚之象剛來不窮。

柔而上同卦之體也王在廟中乘木有功卦之用也曰亨曰貞卦之德也有廟

有川卦之象也大象曰先王以享帝立廟即象所謂假廟之旨也蓋廟立則昭

穆之位定王假則祭享之誠通斯靈爽藉是而聚即民心藉是而繫焉渙之正

所以合之也故萃亦言王假有廟有廟者聚也以萃而假神志壹焉以渙而假精

誠通焉萃與渙相反而適以相須故取象從同至易言利涉大川者三皆取巽

木益曰木道乃行中孚曰乘木舟虛渙則曰乘木有功蓋謂王者聲名洋溢內

則孝享夫祖考外則化被夫蠻夷是以舟楫之利獨取諸渙者此也六爻言渙

皆隱寓聚象故初遇險而順二陽來脫險三臨險忘身四成渙忘人五居尊忘

天下六超然退舉渙以遠害所謂恭己無為化馳若神者矣故卦以三陰最吉。

三陽次之說者謂易道尚剛一偏之論也。

大象曰風行水上渙先王以享于帝立廟。

先王見風之虛得鬼神之象見坎之盈得祭祀之象夫風無形遇水而成形非
水則風不可見鬼神無覩入廟而如覩非廟則上帝祖考不可見聚則爲有散
則爲無鬼神之情狀猶風之行水上也人心誠敬之所聚莫如鬼神故大難始
定人心未寧之時享帝而告成功立廟而事祖考聚將散之神靈安鎮之以接
天神交祖考蓋物本于天人本于祖故享帝以報其生成之恩立廟以報其功
德之盛使天下之人皆尊尊親親不忘其本以聚人心之渙散故曰先王以享
于帝立廟。

(占)問時運運途亨通有乘風破浪之概。○問戰征利用海軍。○問營商財水流
通得天神護佑大利。○問功名風隨帆轉水到渠成有即日成名之象。○問家
宅宜禱告神祇自然獲福。○問婚姻中男長女自成佳耦。○問疾病風行水上。
去而不留病象危矣立廟有魂歸窀穸之象故凶。○問失物難得。○問六甲春

象傳曰。初六之吉。順也。

初六。用拯。馬壯吉。

夏生女。秋冬生男。

初處坎之下。坎為險。初乃始陷於險者。陷坎者。利用拯。何以拯之。初與二近。

二得乾氣。乾為馬。乾健故馬壯。初得二拯。如馬之因風而走。得以脫險也。故吉。

按明夷亦曰用拯馬壯吉。明夷下互坎。二動為乾。故用拯亦取乾馬。與渙初同

象傳以順釋之。初本坤體。坤為順。用乾之健。是以吉也。明夷傳曰順

以則也。其旨亦同。

（占）問時運。運多險難。幸而遇救。危而反吉。○問戰征。初次臨陣。賴戰馬精良。得

以解圍出險。故吉。○問營商。資本微薄。深幸同事相助。得以獲利。○問功名。行

午馬運。必可成名。○問家宅。新建大厦。好有祿馬臨向吉。○問婚姻。乾造以肖

馬者吉。○問疾病。病宜急治。得遇馬姓醫士為吉。○問行人。驛馬已動即日可

歸○問六甲。生男。

(占例)友人某來請占氣運。筮得渙之中孚。

爻辭曰。初六。用拯馬壯吉。

斷曰。初六當坎之始。坎者陷也。如身陷坎險。一時難以自脫。初爻偶體屬陰。用以拯者。必藉陽剛馬乾象得乾剛之氣。故足以拯之是。初以遇拯得吉也。即卜筮書所謂絕處逢生之象。今足下占氣運。得初爻辭。知足下現時運途正在困難之中。幸賴朋友力為救護得以脫離災厄足下。惟當順從其言自可逢凶化吉此友或係肖馬。或係姓馬當必有暗合其象者易占之神妙。往往不可測度足下後當自知之。

九二。渙奔其机。悔亡。

象傳曰。渙奔其机。得願也。

九二以陽居陰。象取以陽假陰。故象云假廟。二當之下。互震。震為奔。上互艮。艮

為堅木有机之象。二與五應。机謂五也。渙奔其机。謂假廟而奔就神几。机几字

通。即家語仰視榱桷俯察机筵是也。王在廟中洞洞屬屬以其慌惚以與神明

交。斯渙者假矣。故悔亡。象傳以得其願釋之謂驗奔在廟得受其福。故曰得其

願也。

(占)問時運。運途順適得如所願。災悔俱亡。○問營商運貨貿易得所憑依可以

如願而償也。吉。○問功名所願必遂。○問戰征雖當渙散敗奔得所依藉可圖

恢復何悔之有。○問婚姻。內卦坤體二變為乾。成坎。坎為中男外卦乾體四變

為坤。成巽。巽為長女。此配必女長於男。木水相生佳耦也。○問家宅。此宅眷屬

有奔敗之虞。幸在外得所憑依所謂適我願也。○問疾病欝欝不樂隱几而

得遇良醫可以無憂。○問六甲。生男。

(占例)友人栃尾某曰余曩以己地出押於某華族訂立劵證約以後日得金准

許備價取贖。至今地價騰貴照曩時押價一增其三。某華族因之背盟指不許

贖。余遂使代言人及壯士逼索某華族懼乃挽余親戚某出為談判余不得已

以若干金。酬報代言人。與壯士屬爲了事。而壯士意猶不滿。遷怒於余。意欲要

路狙擊。余甚患之。請占其處置如何。筮得渙之觀。

爻辭曰。九二渙奔其机悔亡。

斷曰。內卦爲坎。坎者險也。難也。外卦爲巽。繫辭曰巽以行權。得行其權變

也。二爻曰渙奔其机。奔奔避其難也。二與五應。謂奔就於五也。五處巽中謂能

巽以行權。足以渙散其難。故得悔亡就此爻象致足下奔避於外。自得有人出

而處置。可以无悔。

六三。渙其躬。无悔。

象傳曰。渙其躬。志在外也。

三體坎水。上體巽風。三之趨上。如水遇風而流。木得水而浮。有相待而渙散者

也。故三至上互艮。艮爲躬曰渙其躬。无悔。象傳曰志在外。謂外卦也。志應夫上

也。

（占）問時運。三處坎之極。是運當坎險之時。忘身赴難。得以出險。可免悔也。○問戰征。能國而忘身。忠勇可嘉。去復何悔。○問營商。運貨在外。跋涉風波。備嘗艱苦。有重財輕命之象。○問功名。有殺身成仁。名垂竹帛之榮。○問婚姻。有捐軀盡節之志。可悲可嘉。○問家宅。此宅臨坎水之上。宅主宜出行在外得可免災。○問行人未歸。○問六甲。分娩在即生男。

（占例）友人某來。請占氣運。筮得渙之巽。

爻辭曰六三。渙其躬。无悔。

斷曰渙之三爻。正當坎難之極。是身陷坎中而不能解脫也。惟賴上爻遠來援救。斯得渙然消散。可以无悔。今足下占氣運得渙三爻。知足下運途淹蹇。譬如行船入海。正遇風波之險。須得遠來巨舟相爲救援。斯能共脫險阨得遠災悔。以保身命。三爻居內外卦之交。內坎外巽。坎險也。巽順也。有出險入順之象。是以无悔。

六四。渙其群。元吉。渙有邱。匪夷所思。

象傳曰渙其群元吉光大也。

六四居巽之始卦體本乾下蠱化坤成巽坤爲衆坤化巽則其群渙矣坎剛中

得乾之元故曰渙群元吉上互艮艮爲邱邱聚也高也謂既渙其坎險又復聚

而成爲高邱是渙中有聚也故曰渙有邱四爲巽卦之主繫辭曰巽德之制也

又曰巽稱而隱謂巽能因事制宜隱見无常化裁之妙有匪尋常所可測度者

故曰匪夷所思傳以光大釋之謂四出坎入巽所以化險爲夷者正賴此正大

光明之作用也坤曰含宏光大四得坤氣四之光大即自坤來也

（占）問時運能解脫困難復成基業正大運亨通之時〇問營商絕大手段能散

財濟危又能獨成邱鑿〇問功名有獨出冠時之概〇問戰征軍容之盛忽散

忽聚忽高忽低忽而萬馬無聲忽而一邱高峙變化之妙有出意表者此神化

之兵也〇問疾病散其外邪又當聚其元氣病自療矣〇問家宅鄰居曠遠獨

成一家自得幽趣吉〇問訟事渙其群其訟必解矣吉〇問六甲生女。

（占例）長崎女商大浦阿啓明治七八年間管理橫濱製鐵所一日將乘名古屋

增補高島易斷

船歸郷豫電報知家人期以某日到家屆期有報名古屋船於周防遭難家人

驚愕急以電信問余余不知大浦氏果否乘船亦不知此船有否遇險無已乃

爲一筮筮得渙之訟。

爻辭曰六四渙其群渙有邱匪夷所思。

斷曰此卦巽爲木坎爲水舟浮海上之象其辭曰渙其群元吉渙有邱匪夷所

思渙其群者謂離衆人而出險也渙有邱者謂出險而獨在邱上也匪夷所思

者謂不須憂慮也由是觀之知必脫其難也余即以此占電復長崎長崎家人

得此報疑信未決未幾大浦有電到家云已脫險家人始安

九五渙汗其大號渙王居无咎。

象傳曰王居无咎正位也。

五爲尊位象所稱王假五當之號令也大號大政令也五有剛中之德以天下

之險爲已險欲渙散天下之險以發此大號也渙汗者劉向云號令如汗出而

不及者也。王者無私居。畿甸非近要荒非遠。一人之身。渙之即爲萬民無。入之

心。渙之即爲萬幾。布于四海。猶汗出于身而浹于四體。故自渙汗天下之困苦。

得仁政而解。一身之邪熱得汗出而銷其所而渙一也。三至五體民民爲居王居

者京師也。論語所云譬如北辰居其所而衆星共之者。王居之謂也。渙至居著

號令之渙。自近而遠其單敷萬方者。要必正位凝命自王居始也。无咎節履帶

位而不疚之意。象傳以正位釋之。蓋以九五爲正位王者居之得以號令天下。

以一億兆之心。而濟萬民之險。皆由君德與君位正當之功也。

（占）問時運運位得正語默動靜百事皆吉。○問營商地位正當貨物流通所到

無不獲利。○問功名位近至尊。名聞天下大吉。○問戰征。號令嚴明軍威整肅。

得奏汗馬之勛。○問婚姻必得貴婿○問家宅此宅非尋常百姓之家。○問疾

病。一汗即愈○問六甲生女主貴。

（占例）明治二十七年六月朝鮮有東學黨之亂我邦及清國皆派遣軍隊清國

軍艦砲擊我軍艦於豐島。於是兩國將啓爭端。先是有朝鮮人朴泳孝者流寓

我邦爰念故國實抱杞憂請余一占筮得渙之蒙。

爻辭曰。九五。渙汗其八號渙王居无咎。

斷曰渙者散也。全卦火遞皆以散難釋險爲主。五爻居尊爲王大號者王所散布之政令也。渙汗者謂其令出必行猶汗出於身而不反也。足見號令嚴明可以解脫險難奠厥攸居斯无咎矣今朴氏占問伊國治亂得渙五爻玩其爻辭。知伊國禍遍王居九五者王也。王當速發號令告召天下渙散凶黨奠定王居。斯可保全而无咎也。卦體下互震震屬東方正在我國則足以救護朝鮮者必在我國也。朴氏可無憂焉。

○明治二十七年六月山田德明氏偕米人某來問曰今回日本兵渡航朝鮮。抑與朝鮮開戰乎。余曰軍事機密非余所知維一占則可以知之筮得渙之蒙」

爻辭曰。九五。渙汗其大號。渙王居无咎。

斷曰汗者膚膝之所出出則宣人之壅滿愈人之疾苦猶王者之有敎令釋天下之難使之各得其所也。故曰渙汗其大號渙王居者謂大號之宣布始於王

居。蓋有自近及遠。自內及外之旨焉爲卦名曰渙。其義總在渙散險難也。今占我

國與朝鮮。機密軍事得渙五爻。乃知我國此番得聞朝鮮亂耗。速發號令。大張

軍威派遣軍艦遠航韓國旁觀者以爲我國將與朝鮮啟釁不知我國之遣兵

航海實爲渙釋朝鮮之禍并以保護之也。玩此爻辭可信別無他意。米人得此

斷詞遂譯作西文。揭布外國新聞。

上九。渙其血去逖出无咎。

象傳曰渙其血遠害也。

上與三應三體坎爲血卦。故曰渙其血蓋人身血脈以流通爲安。以欝結致病。

渙其血斯體氣舒暢則憂患自消。逖憂也。坎爲逖且上爻居渙之極已出坎險。

故曰去逖出既去矣咎自无也。象傳以遠害釋之謂上去坎已遠故害亦遠

矣一說謂上出卦外逖遠也。身之有血猶川之有水。喩言川流通達風飄遠去

也。即取大象風行水上之意。

（占）問時運運途通達災去福來。○問戰征卦體從乾坤來。坤上曰龍戰於野其

血玄黃有戰則兩傷之象。○問營商血者資財也商船遠出貿易亨通可以獲

利自無憂也。○問功名有投筆從軍之象。○問婚姻有遠嫁之象。○問家宅宜

主防有血光之災遠避可以无咎。○問疾病是氣血淤結之患宜疏通血絡可

以免災。○問失物此物已去遠不可復得。○問訟事宜遠出避之无咎。○問六

甲生女。

（占例）友人某來。請占氣運筮得渙之坎。

爻辭曰上九渙其血去逖出无咎。

斷曰渙者脫難之卦上處渙終爲困難消散之時也今足下占氣運得渙上爻。

知足下目下險難已解譬如病者血脈融通憂患悉去可以无咎矣上爻渙象

己終此後出渙入節節財節欲足下皆當留意焉。

○三十一年占英國與露國交際筮得渙之坎。

爻辭曰上九渙其血去逖出无咎。

斷曰澳卦三陰三陽本從乾坤否來上居巽極即乾之上陽亢則戰有其血玄

黃之象故曰澳其血小畜所謂血去惕出亦謂乾也迯或作惕小畜以陰陽感

孚而血去澳以風水相濟而血澳是澳卦本有險難幸得澳散而无咎也今占

英露兩國交際得澳在陸地英屬海疆當以巽爲露坎爲英陸地專以

鐵道稱強海疆專以輪船示武陸戰者得勝而後勝者又畏報復敗者更防再

襲扼要据險不憚兵備是露國之所急急也在英託名商船保謢派艦遠出竊

窺海防得乘其隙即強生葛藤逼使割地媾和此英國之狡計也是以陸地諸

國多困於軍資唯英國軍資年增年饒獨握富有之權以爭雄於海上而露則

以陸軍之強陸地之險蠶食鄰邦故近來宇內諸國皆視英露爲虎狼之國也

露嘗于西比利亞鐵道未通懲生事端爲英所振地中海要處爲糧食彈藥告

乏不能驟動大兵英又以阿富汗斯坦波斯既通欵於露恐印度有內亂且自

知久矣墾斷富利受各國之嫌惡今李佛與露訂爲同盟恐連約合謀當必起

一大役也故欲教唆支那以防露國之跋扈然英以有海軍而乏陸軍亦不能

如意。且一朝取敗則濠洲加奈陀亞弗利加等要地。恐亦不能保全。故蓋擴張
海軍以當各國。蓋露待鐵道之全通英恃海軍之擴張恰似兩雄相對爻曰渙
其血謂兩國宜通其聲氣。乃可无事即各國亦可遠害矣此近時之形勢也。故
傳曰渙其血遠害也。

水澤節

為卦兌下坎上。兌為澤坎為水。水之歸澤也。盈則進。坎則止。水固自有其分量。澤之容水也。平則受滿則溢。澤亦自有其限制。即節之謂也。卦與困易位。澤在水上。是謂漏澤。澤漏則无水。故謂之困。水在澤上。是謂深澤。澤深則有水。故謂之節。此卦所以名水澤節也。

節亨苦節不可貞。

卦體上互艮。艮止也。下互震。震行也。可行則行可止則止。行止得中。乃謂之節。行止得中。是以能亨。若其矯枉過正。固執自守。節亦苦矣。節而苦則無餘地以處人。亦無餘地亦自處。有窮而無所入矣。故曰不可貞。

象傳曰節亨。剛柔分而剛得中。苦節不可貞。其道窮

也。說以行險。當位以節。中正以通。天地節而四時成。
節以制度不傷財不害民。

序卦傳曰渙者離也。物不可以終離。故受之以節。節者節也。節以節其過中。而
使之中節也。卦以三陰三陽。陰陽適均。坎剛在上。兌柔在下所謂剛柔分也。剛
柔分而上下不亂。是得中也。得中則亨。故曰節亨。節不得中。如儉不中禮射不
中的。徒自苦耳。不可為正矣。以能亨乎不亨則窮。非節之咎。節而不中之咎也。
象特舉而戒之所以救其偏也。坎險兌說以兌節坎。使人有悅愉而無迫感是
為說以行險也。五居尊位為節之主。是為當位以節也。中而且正位與德並能
裁制彝倫咸得亨通。是為中正以通也。卦體本自乾坤泰來節之道亦自天地
始。日月代明。四時錯行。寒暑往來。歲功以成此為天地之節也。故曰天地節而
四時成。法天地之節。以為制度。則以此節財而財不傷以此節民而民不害。庶
幾天下皆樂就吾節。乃能行之無阻。放之皆準其要惟在剛柔之得中焉。夫豈

苦節之謂哉。

以此卦擬人事飲食不節而致疾言語不節則貽羞財用不節則敗家色欲不
節則傷身皆人事之害也矯其弊者爲之絕食爲之緘口爲之斬財爲之斷欲。
節雖節矣不堪其苦是節之不得其中而反致其窮也何以能亨乎夫人事不
亨者皆由剛柔之失中耳過剛者咎過柔者咎道是以窮矣爲卦坎上兌下剛
柔以分以兌之說節坎之險。使心得其說而行忘其險當其位以裁度萬事斯
萬事咸亨中且正无偏陂也亨而通无窒碍也蓋人之喜怒哀樂即天之雨露
雷霆也人之起居食息即天之畫夜晦明也人身有自然之制度天地亦自然
之運行所謂天地節而四時成者此也人事要不外夫天道而已矣。

以此卦擬國家國家政務萬端。一言蔽之惟在節以制度而已制度得其中則
其所節有甘而無苦也可亨亦可貞也剛柔均分而道乃不窮也說險相濟而
位得其當也以此理財而財不傷以此使民而民不害庶幾四海之大萬民之
衆。聖人以制度節之使人人感其說人人忘其險亦人人樂從其節。所謂當位

以節中正以通道在是矣。要之聖人本說以節險。不偏於剛不偏於柔。唯法天

地之節以爲節。天地節而四時成。聖人節而萬民說。其道一焉。就爻論之。當位

謂九五也。以其居中。故曰甘節。道窮指上六也。象之苦節上六當之。六四得象

之亨。故曰安節。初之不出。愼以節也。二之失位。失其中也。三之嗟若。咎自取也。

總之得中則吉。過中則凶。象傳所謂節亨。首在剛柔分而剛得中也。

通觀此卦。卦象取下坎上兌爻取剛柔均分當位則吉。陽實陰虛。實塞而虛通。

節者竹節也。竹之通處謂空。塞處謂節。凡所稱立廉隅分經界。皆節之義也。故

人而無節。猶時而無序。夫寒暑晴雨。推移更代。若失其節。則天地閉塞。歲功不

成。人而無節。則昏迷潰亂。行止皆窮。是咎在不知所節也。不知不節。固凶。過節

亦凶。欲期其節之貞。求其節之亨。唯要在剛柔之得中也。卦體內說外險。剛柔

均分。九五當位。剛得其中。說以節險。中而能正。斯其道無往而不通矣。蓋在聖

人以至中者爲節。其節也無心。在天地以循運者爲節。其節也無形。在卦以坎

兌相成者爲節。其節也有象。聖人下襲水土。故取其象以示人。象傳所謂曰苦。

日窮戒其失也。日亨日通著其效也。日得中日當位示其則也。日不傷財日不

害民美其德也。其卦又自泰來。故於節亦可見天地交泰之象焉為水流坎止。有

通塞之義是以六爻皆取通塞以為吉凶。初知塞而塞故不出无咎。二宜通而

塞。故失時為凶。三不塞而嗟咎復何辭。四塞而能安得象之亨。五全卦之主中

正以通。六塞而不通。是謂苦節。大抵易道戒盈節以防盈防之過或遲疑而敗

事或鄙嗇而失當達天時。拂人情均難免於凶咎耳道以剛中為吉此聖人所

以貴時中也。

大象曰澤上有水。節。君子以制數度。議德行。

澤無水曰困澤有水而不節則澤亦涸。是以君子取象於節也。數度

者。權量法度之謂也。德行者道德性命之事也。兌自坤變坤為重為寡象數度。

坎自乾變。乾為道為性。象德行。坎為平。謂裁制得其平也。兌為口。謂議論出自

口也。是以君子為之制數度議德行。

（占）問時運運途中正。財源富有。惟宜外節出納。內節身心吉。○問戰征節制之軍登高涉險可守可戰。○問營商澤有水富饒之象。法制既精議論亦確。無不獲利也。○問功名品行端正律度精詳有魚龍得水之象。○問婚姻坎男兌女。水澤相成吉。○問家宅宅臨大澤家道富有吉。○問疾病病宜節飲食慎行動。○問六甲生男。

初九。不出戶庭。无咎。

象傳曰不出戶庭。知通塞也。

初以陽居陽。爲節之初。陽實陰虛。初當陽剛一畫塞止兌口。故爲不出。上互艮。艮爲膚爲居有戶庭之象艮又爲止有不出之象。故曰不出戶庭。卦繼渙後。初六渙散甫集。正宜塞而不宜通也。雖戶庭之近。亦不敢出則一步一趨無非節也。故得无咎。初動體艮坎。坎水爲知。知則能審時度勢可通可塞可出可入皆有節制故象傳以知通塞釋之。

（占）問時運運途未盛宜謹守戶庭得以免咎。○問營商宜坐買不宜行商无咎。
○問功名目下宜杜門靜守至四爻可以成名。○問戰征初當離散之餘軍民
乍聚宜養其銳氣不宜出戰。○問婚姻初與四相應四得承順之道即婦道之
正也故无咎。○問疾病宜安居靜養无害。○問失物尚在戶庭之內可尋得之。
○問行人尙未起行。○問六甲生女。

（占例）友人某來請占家宅筮得節之坎。

爻辭曰初九不出戶庭无咎。

斷曰卦象爲兌西坎北爻象外戶內庭初居兌下陽剛一畫如戶庭之有鎖鑰。
以節出入故曰不出戶庭深居避禍故曰无咎今足下占家宅得節初爻此宅
想是初次遷居一切家事正待整理持盈保泰宜守節儉之風杜門謝事可以
无咎矣。

九二不出門庭。凶。

象傳曰。不出門庭。凶失時極也。

戶在內門在外。初爲戶二爲門。由內而外也。初爲內坎水始至塞之以防其漏。二則漸至於外。水旣盛宜通之而猶曰不出門庭是知塞不知通也。二爻有剛中之才。正當乘時應變出而有爲使天下得節之用卦自初至三互震。四至六互艮乃不爲震之行而固守艮之止。杜門絕跡。坐失時機是以凶也。故象傳以失時之極斥之。

(占)問時運運途方盛時會亦好咎在因循自誤爲可惜也。○問戰征時可進取。乃畏首畏尾固守不出反爲凶也。○問營商貨物充積時價得宜本可獲利乃因拘墟失時。反致耗損兌爲毀折是失象也。○問功名時會未逢難望成名。○問婚姻桃夭失時難免曠怨凶。○問家宅門戶閉鎖無人之象凶。○問疾病病由步履艱難。幾成痿痹○問失物是內竊也。○問訟事恐有四禁之禍。○問六甲生女。

（占例）有醫吏某氏來曰。吾友舊藩士某。維新之際。勤王死節。其後裔落魄無依。

余眷念舊情。竭力賑助以其子弟三人招使來京就學十數年。因之耗費積累

至六七千金。然猶以鄉里田產得值萬金可償。詎意利息倍增。迄今已萬三千

金矣。所有家產又因價格低落。減數大半。欲償則數無所出。不償則債貸不清。

進退維谷。無以爲計。遂至憂欝致病。不能供職。幸請致示。無已代爲一占筮得

節之屯。

爻辭曰。九二不出門庭凶。

斷曰。九二處兌之中。象謂說以行險。二宜當之。二曰不出門庭。是安於陷險。而

不能行險也。其不出也。故凶足下占債貸處置得節二爻。爻曰不出門庭凶則

知不出爲凶。出則可以免凶矣。然所云出者。有二一則出外以避之。一則出所

有以償之。皆謂之出也。此中當必有節制矣。僕就爻辭之意。爲足下債貸計之。

所貸總數萬三千金。鄉里田產低價。約售三千金償抵債主。再以月俸所得貳

百金內八十金爲家用。所費餘百貳拾金。亦按月歸償。合計一歲中得償千四

百四十金是節有餘以償不足者也約不十年便可清償矣爻辭曰不出門庭

凶若明為足下戒也足下其勿因循畏葸坐失時機須當出而與債主相商先

以售產之金償之復以月俸之餘歸之讓其利息緩其限期債主而不許則此

債必難歸給債主而許之則足下不至破產債主亦終得金收彼亦何樂而不

許也兌為口為友有得朋相商之象兌爻曰商兌未寧介疾有喜正足下今日

之時事也足下速出而圖之毋失此時會也某氏聞而心喜曰此最妙之策也

後數日報來云已遵此斷詞出而了事矣

六三不節若則嗟若无咎

象傳曰不節之嗟又誰咎也

三居兌之上上畫開口為漏澤不節之象蓋兌澤至三坎水既盈一時任意把

取不知節省至後將不繼不免奢嗟悔恨故曰不節若則嗟若是為悅極生悲

者禍由己致无所怨咎故曰无咎象傳曰又誰咎也謂當節不節不節在己嗟

若亦在已又將誰咎乎。

（占）問時運壯不自檢老大徒悲其將誰怨乎。○問戰征臨時不謀後悔難追。○
問營商當其獲利驕奢無度。一旦耗失便致哀嗟咎由自取耳。○問婚姻有先
喜後悲之象。○問功名隨得隨失。○問家宅三以陰居陽地位不當必致先富
後貧。○問疾病病由不節飲食所致幸無大咎。○問失物付之一嘆不須怨人。
○問六甲生女。

（占例）明治二十年十一月舊大垣藩主戶田氏共伯任澳太利亞全權公使偕
眷屬赴任臨發橫濱枉駕余宅此時送者不下數十人伯曰請占海上平安筮
得節之需。

爻辭曰。六三。不節若則嗟若无咎。

斷曰三爻居內外卦之交正合貴下出外遠行之兆坎為水兌為澤有大海之
象。三動體需。需象曰險在前也。知此行防有險難卦反渙渙象為風行水上。知
必有風兌正西。坎正北。知其風必自西而北爻曰不節若則嗟若謂非秉節而

行必致咎嗟今貴下皇華出使節鉞在身必能使海若效順百神呵護即遇風

險必无咎也需辭又曰利涉大川往有功也是可爲貴下賀爲時送行者如舊

藩臣井田五藏青森縣知事菱田文藏大審院判事鳥居斷三神道敎正鴻雪

爪咸皆在座傾聽之餘或謂照此判詞海上風波渾如眼見未來之事皆得前

知疑余臆斷未必可信也鴻雪爪君獨云高島君易筮素稱入神多爲人所不

解者也余曰余唯憑爻而斷應與不應非余所知然向所斷未嘗有或爽者殆

可謂如響斯應者矣諸士唯唯不復有言後四年戶田伯歸朝告余以當時海

上困難一如易斷。

六四安節亨。

象傳曰安節之亨承上道也。

　四本坤體坤爲安故曰安居坎之始坎爲險以兌節之斯得化險爲安故曰安

　節安節者安而行之不失其節則何往不通故曰安節亨四得位承五五中正

以通四先通之。是以彖之亨。唯歸於四。四以承五得亨。而天下無不亨矣。象傳

曰。承上道也。上指五道即節之道謂五以節風示天下。四比近五。能首承其道

也。

（占）問時運。一路平安。○問戰征善戰者。在先安軍兵。軍心安則臨危不懼。而所

向有功。○問營商。四在外卦之始。必是初次販貨出外能事事節儉斯得安居

外地而所謀亦得亨通矣。○問功名能承上意必得成名。○問婚姻四以陰居

陰得位承陽自得家室安全。○問家宅平安獲吉。○問疾病病由口入能節飲

食自得安泰。○問六甲生男。

（占例）官吏某來。請占官位陞遷筮得節之兌。

爻辭曰。六四安節亨。

斷曰六四重陰爻象安靜。事事中節。是以亨也。象傳曰承上道也。上謂五。四與

五比能承上旨。而行節也。今足下占官途升遷得節四爻。四與初應。初知通塞。

故四能安分守己。不失其節。唯承上之意旨而行。是以發皆中節。无往而不亨

通也。升遷必矣。四與五間一爻升遷當在明年。

九五。甘節吉往有尚。

象傳曰甘節之吉居位中也。

五居尊位爲節之主。象所謂當位以節中正以通唯五當之。象首戒苦節不貞。
反苦爲甘其道必貞。貞則吉矣。故曰甘節吉四居坎中。坎象曰行有尚節四之
往有尚。蓋即由坎象而來往即行謂能行斯而往洵可嘉尚按五味以甘爲得
中。鹹苦酸辛皆偏也。節味之偏。而適其中謂之甘節甘則人皆樂從。而不病其
難也。此甘節之所以爲吉也。象傳以居位中釋之禮月令曰中央土其味甘。
位居中五爲君君位亦居中。象傳所釋之意取此。

（占）問時運運如嚼簏到老愈甘。○問營商稼穡作甘當以販運穀米爲吉往有
尚往者往外也。尤當販米往外洋鎖隼。定必獲利。○問功名苦盡甘來功名必
顯。○問家宅四爻得位中央爲甘知此宅必地位中正家風正直節儉足以嘉

○問婚姻。女之嫁曰往。往有尚謂往而成禮。甘者。甘心相從。有百年好合之

象吉。○問疾病。病在中宮。甘則中滿須宜節食。爲要。○問六甲。生男。

（占例）某商人來請占商業盈虧。筮得節之臨。

爻辭曰。九五。甘節。吉。往有尚。

斷曰。味之甘者。人所樂嗜。然過甘則味亦變。節之所以適其中。於味然。於萬事

亦無不然。往有尚者。謂由此以往。事皆可尚。事皆獲吉矣。今足下占商業盈虧。

得節四爻。知足下於商業經營已久。向以不知撙節。致來嗟恨去歲得安。今年

又必獲甘味所當裁而節之事。事從節。毋以盈滿自侈。斯盈可長保其盈矣。故

吉往者爲遵此節道以往行有尚。亦往有功也。足下此後商業大利。

上六。苦節。貞凶。悔亡。

象傳曰。苦節貞凶。其道窮也。

六。重陰不中。居節之極。是過節者。爾雅滷鹹苦也。坎水潤下作鹹。兌爲剛鹵。是

節　百五

味之苦者也。上與初相終始。初在澤底。節以防漏。上在澤口。出納由之。而竟一

概節之。是不知通塞也。其困苦之狀物所難堪。有不可終日者矣。故家之苦節。

獨歸於上。悔亡者。謂奢不如儉。以此修身悔自亡矣。傳曰。道窮即以釋象者釋

之苦節貞凶者。自古之龍逢比干。爲國亡身克全臣節。其禍雖凶。其道則正足

以表式萬世。復有何悔。

（占）問時運。運途亦正。爲固執不通。以致終身窮苦。○問營商。機會已極。不知變

通。以致窮迫。徒自苦耳。○問功名。其人則守正不阿。困苦自守。難望成名。○問

戰征。爻象重陰。柔弱無力。又當地窮勢極。只知苦守不出。終必凶矣。○問疾病。

陰盛陽衰。病勢已極凶。○問六甲。生男。

（占例）有商友某氏。請占株式。高下筮得節之中孚。

爻辭曰。上六苦節貞凶。悔亡。

斷曰。此卦澤上有水之象。澤有水。盈則通之。不盈則塞之。通塞者。是爲水之節

制也。上爻當澤之上口。宜通而塞。是過於節也。水流而不止。流水甘也。上塞而

不流則爲停潦。甘亦苦矣。故曰苦節貞凶今足下占株式高低得此爻象。株式

者財用之資財源猶如水源宜流通。不宜壅塞況上爻當時位已極若塞而不

窮好爲壅斷以期高價令人迫蹙困苦。無以爲生防苦極生變則苦人者反而

自苦取凶之道。亦取窮之道也宜速開通斯可免凶矣其人聞之即日賣脫後

其價隨即低落。

○三十一年占北海道廳之治象筮得節之中孚。

爻辭曰上六苦節貞凶悔亡。

斷曰上爻當兌澤之口坎流旣盈又復節而不通。令人不得沾其惠澤是謂苦

節。其道必凶今占北海道廳政治得此爻象。知其施政有不合地勢不通民情。

上下壅塞。號令不行之象上爻動爲中孚當速變通出之斯可孚而化邦民就

外象論之兌澤水盈。盈則必溢兌秋也防秋時有洪水之災是年九月果有水

難。人民苦之。凶象如是。

○三十一年占外交形勢筮得節之中孚。

爻辭曰。上六苦節貞凶悔亡。

斷曰。上爻之苦節是過節者也。節得其中則甘過之則苦天下事皆貴適中過

則困苦隨之凶禍亦隨之矣。是勢所必然也。今占外交得此爻象知當今時勢。

正是澤水滿溢炎炎可危之際。所宜流通四海變其節制以適權宜斯可免受

困苦若竟吝而不出固執自守其凶必矣。

風澤中孚

卦體上巽下兌巽爲風兌爲澤風之應時春夏秋冬不愆其候風之信也澤之
受水朝潮夕汎不爽其期澤之信也卦象三四二柔居內是謂中虛中虛則通
通則孚二五兩剛得中是謂中實中實則誠誠亦孚也此卦所以名中孚也

中孚。豚魚吉利涉大川利貞。

孚者信也中孚者信發於中也內卦兌睽上曰豕貪壑壑謂兌澤汙下足以牧
豕豕小爲豚故兌亦有豚象外卦巽巽爲魚魚得水澤以爲樂二物雖微皆能
得巽兌之性以爲生活故曰豚魚吉大川即澤之大者巽爲木剡木爲舟是涉
川者所利用也故曰利涉大川其孚如此宜無往而不利矣然其中之邪正誠
僞又不可不辨故曰利貞。

象傳曰中孚柔在內而剛得中說而巽孚乃化邦也。

豚魚吉信及豚魚也利涉大川乘木舟虛也中孚以
利貞乃應乎天也

孚字從爪從子如鳥抱子不失字乳之期是其信也發於外者為信誠存于中
為孚謂之中孚中孚者其心虛靈其行眞實之謂也為卦三四陰柔合在兩體
之內二五陽剛各居一卦之中柔內剛中各當所作上巽下說相輔而行乘天
下之所順行天下之所悅故曰說而巽孚乃化邦也豚魚正義分為二物吳草
盧作江豚江豚處大澤中蓋魚類而豚形也每當風起拜舞江中視其首之所
向即知風之所自涉川者以之候風焉俗呼謂拜江豬豚魚無知而能感應風
僧故曰信及豚魚孚之至也易言利涉大川多取巽象巽為木木能水上浮行
語曰乘桴浮海亦取此耳卦體中虛故謂虛舟虛舟者中無一物隨風往來與
波上下任天而行中孚之象也孟氏卦氣以中孚為十一月卦十一月當天道
貞固之時中孚得之故能以利貞應天

以此卦擬人事孚者信也。信見於言言發於外也孚感於心心存於中也人心
之用。靈則明明則誠內貴虛靈不昧。外宜眞實无妄是所謂柔在內而剛得中
也。由我之所說以之而順人人亦以其說者順從夫我彼此相說說乃孚矣此
不特在人已之間也即推之於邦家邦家亦相率而化矣又不特在邦之大也。
即極之於庶物庶物亦相感而信矣是以吉也。大川者澤水之險者也。非舟楫
不克以涉之。中孚者以禮義爲干櫓心中自有涉川之具。雖危可涉无往不利。
心中虛。故象虛舟語云言忠信行篤敬雖蠻貊行焉此物此志也。卦中四剛皆
得乾體乾爲信是孚之最貞者也。人能以剛德合天即所謂中孚以利貞應乎
天也。夫豈硜硜信果所可同日語哉。

以此卦擬國家檀弓曰有虞氏未施信於民而民信之施信而民信孚猶後也。
未施信而民信孚在先也。蓋不言而信有不期其孚而孚者孚由中出在民亦
不自其何以孚也是無爲而治之休風也。由是而氣機所感龜亦負圖魚來獻
瑞此即信及豚魚之兆也。政教所覃。萬邦協和。四海來同。此即孚乃化邦之象

也。乃知聖天子德盛化神大則蠻夷率服。小則魚鱉咸若。治水而乘橇奏績濟

危而作楫有材皆由履中居正道恊于中德孚于外是以天人感應民物效順。

得以成風同道一之隆也哉。

通觀此卦此卦次節凡事有節則有常可守。無節則汎濫無據而不信。故喜怒

哀樂中節謂之達道達道即信也序卦傳曰節而信之故受之以中孚此中孚

所以次節也卦內三四兩偶爲虛二五兩奇爲實初上兩奇包外。恰如甲殼鳥

覆育其卵日孚應期而化子自中出。故曰中孚卦體巽上兌下巽者東南司春。

兌者正西司秋自春至秋自東至西天地生物之功畢兌往而入乾歸于西北。

化機歛藏貞固而爲孚甲遇巽復還東南所以兌巽合而爲中孚也在五行則

兌爲金巽爲木金尅木造物之理生殺相因卵不裂不可以成鳥木不剖不可

以爲舟巽木之利涉兌金之功。故兌毀折而後能悅巽雞伏雞甲折而後羽毛

見中孚取象於孚卵小過取象於飛鳥法象之自然也初象鳥之伏子其心專

一。故有有宅不燕之辭。二象卵之受伏其化將成故有鳴鶴子和之辭三象子

增補高島易斷

之在殼成敗可憂。故有得敵之辭。四象卵之將成。盈滿有時。故有月幾望之辭。

五象雛之成群。飲啄相呼。故有有孚攣如之辭。上象雛之習飛。下上其音。故有

翰音登天之辭。在人則初上之實爲軀。三四之虛爲心。二五之實爲情。然三四

同虛而有善有不善者。正則善。不正則惡。爻得位則正。失位則不正。初得位存

誠。二得中相應。三不當位。四當位。上九陽亢外馳。故初二四五孚之善也。三上。

孚之不善也。此貞諒之辨聖人所謂惓惓者也。

大象曰。澤上有風。中孚君子以議獄緩死。

象不曰風在澤上。而曰澤上有風。顯見澤水本靜。因風而生波。猶言人心本平。

因爭而速獄。異日申命有議緩之象。兌爲刑人。有死獄之象。卦下互震。震爲議。

爲生。爲緩。有議獄緩死之象。呂刑曰獄成而孚。是獄必孚乃定。然獄雖孚猶必

議而緩之。即所謂罪疑惟輕是也。議獄者。審其所可疑。緩死者。求其所以生。孚

之至也。故曰君子以議獄緩死。

（占）問時運。澤上有風。防有風波之險。○問營商。宜仔細酌議。寬緩行事。斯得免

害。○問戰征。當以不嗜殺人爲心。斯爲心咸孚所。向無敵。○問功名。一時罪獄

未平。功名難望。○問婚姻。婚媾致寇。因之速獄。宜愼。○問家宅。主有訟獄之災。

○問疾病。危則危矣。一時生命可保。○問訟事。一時未了。○問六甲。生女。

象傳曰。初九虞吉。志未變也。

初九。虞吉。有它不燕。

虞。虞人也。巽四日田獲三品。兌四日孚于剝月令冬日剝陰木。詩云九月剝棗。

是謂斬木。是巽兌皆有虞人之象。故中孚取之王制獺祭魚。然後虞人入

澤梁按虞人入澤梁。在十月中。周禮山虞令萬民斬材木。賈疏帥木零落。然後

入山林。亦在十月中。中孚爲十一月卦正當入澤梁。斬材木時也。歲有常期。則

漁者樵者。受命於虞人入林。各從其取。故曰虞吉順中孚之時。不懲其候。

不紛其志。無他求也。有他則上下不孚。漁樵失時。焚林竭澤。將自此起。不能安

矣。故曰有它不燕。燕安也。象傳以志未變釋虞吉。謂變即有他。有他即不吉矣。

唯其初志未變是以吉也。

（占）問時運陽剛當令用心專一不惑於他途故吉。○問營商安於本業見異不

遷以交冬令爲利。○問功名有志竟成吉。○問戰征。巽初爻曰用武人之貞。從

禽從戎其義相同所當專心壹志踴躍前進自可獲勝吉。○問婚姻有從一而

終之象。○問疾病可無虞但恐有他變。變則危矣。○問訟事恐有別生枝節。

○問六甲生女。

（占例）友人某來請占商業筮得中孚之渙。

爻辭曰初九。虞吉。有它不燕。

斷曰爻曰虞吉虞謂虞人巽爲魚兌爲澤。故有虞人入澤梁之象。虞人入澤得

其所取。故吉若他有所求則取非其時故不安今足下占商業得此爻辭知所

謀之業必近木近澤所謀之人皆已衆志相孚事在初起不必他求業无不成。

獲利以冬季爲宜足下安心從事可也。

九二。鳴鶴在陰。其子和之。我有好爵。吾與爾靡之。

象傳曰。其子和之。中心願也。

鶴鳴子和。喻中孚之相應也。鶴為陽鳥二以陽處陰。故曰在陰。春秋說題稱鶴
夜半則鳴。亦為信鳥有孚之象。蓋鳴者在鶴和者為子。一鳴一和同聲相應同
氣相孚有得中孚感應之妙者矣。我謂二爾謂五。我有好爵吾與爾靡之靡共
也。謂二得此好爵願與五共之二五相應。志同道合。一如母子相依。有同鳴共
樓之象。其至誠之感孚。如此或疑五位不當言子不知易尚變通。未可拘
執一見也。象傳曰中心願也謂鳴和乃自然之應中心相孚孚之至也。

(占)問時運此唱彼和適得我願正當運途亨通之會。○問營商主客同心氣誼
相投有交相獲利之象。○問功名有父子同升之慶。○問戰征上下一體如以
手使臂以臂使指。一氣相連有進則共進退則共退之象未易攻擊者。○問婚
姻得夫婦唱隨之樂。○問疾病是傳染之症。○問家宅必是貴顯之家且得象

賢之子。○問六甲。生女。

(占例)某貴顯傷偶鰥居數年。友人屢勸續娶不聽。一日聞岐阜縣士族。有一良婦。友人皆願爲執斧。恐某貴顯固執不從。先爲一筮以決之。筮得中孚之益。

爻辭曰。九二鳴鶴在陰。其子和之。我有好爵吾與爾靡之。

斷曰此爻曰鳴曰和。有兩心相得同聲同應之象。卦名中孚。孚謂鳥抱卵有育子之象。占娶婦得此爻辭。知娶得此婦必能夫唱婦隨。家室和平。鶴鳴子和好爵爾靡。且他日其子又能繼承父業。共享榮貴。可謂既得佳婦又有佳兒也。大吉之兆。占得此爻。友人又懼某貴顯嚴肅。未敢啟齒。余又占其媒之成否。筮得兌之隨。

爻辭曰。九二孚兌吉。悔亡。

斷曰得此爻。其成必矣。孚者信也。兌者悅也。既信且悅。復又何疑。余乃先衆往說。果得允諾。說而又有以閼閼一婦爲媒者。或疑前約。將有更變。余再筮之遇履之睽。

爻辭曰。九五。夫履貞厲。

斷曰。履之三爻。爲虎尾。五爻爲虎背也。今某貴顯騎虎之勢。有不能中止之象。

且五爻象傳曰。夫履位正當也。是前約之婦。可爲正婚也。知前約之婦。必不能

罷友人不聽進告貴顯貴顯決意不允准從前約因類記之。

○明治三十年占我國與美國交際筮得中孚之益。

爻辭曰。九二。鳴鶴在陰其子和之。我有好爵。吾與爾靡之。

斷曰鶴鳴子和者。是謂母子相依。鳴聲相和好爵爾靡者。是謂天爵之尊爾我

共有此中相親相愛之情中懷固結有默相感召者也。今占我國與美國交際。

得此爻象。知我二邦隣交素篤。雖遠隔重津渾如父子兄弟。共處一室。爾愛我

憐。無詐無虞各保天位。共修天爵。此後交際。當有益見親睦也。

六三得敵。或鼓或罷或泣或歌。

象傳曰。或鼓或罷位不當也。

易例以俱剛俱柔謂敵應。此爻三四俱柔敵體也。故曰得敵。二至四互震。震爲

鼓。又互艮。艮爲止。止即罷也。故曰或鼓或罷。兌爲口。能歌。巽爲號。象泣。故曰或

歌或泣。或者不定之辭。蓋三與四敵始怒而鼓。復懼而罷。繼喜而歌。復悲而泣。

皆由中心無主言動改常。其象有如此者。夫人有孚雖千里相應。執非吾與不

孚雖一室相違皆爲吾敵。敵固不在外貌之相親。而在內心之相孚也。三居兌之

極說不由中。故進退無極應可知也。象傳以位不當釋之謂三以陰居陽位不

當也。

（占）問時運目下運途顛倒。○問營商忽盈忽虧忽成忽敗。皆由主謀不定。○問

功名升降无常榮辱隨之。○問戰征強敵在前難以制勝。○問婚姻反復未成。

○問家宅宅神不安。事多顛倒。○問疾病時重時輕防有鬼祟。○問行人欲歸

復止一時未定。○問失物防得而復失。○問六甲生女。

（占例）知友某出仕某縣。頃有書來曰奉內命。得陞一級。自慚材力不能任勝。不

如仍居現職。諸事熟鍊。僚友同心。幸無曠愆也。請煩一占。筮得中孚之小畜。

爻辭曰。六三。得敵。或鼓或罷或泣或歌。

斷曰爻以敵應。在前以致進退无恒。哀樂不定。有得不足喜。失不足憂之象。今
足下占宦途升遷。得此爻象。知足下近有晉級之喜。然其中尚有轉折可慮爻
辭所謂鼓者進也罷者退也泣者悲也歌者樂也是明言時事顛倒心神撩亂。
者也。故曰月幾望馬者卦體本乾乾爲馬四動成巽乾象已失。故曰馬匹亡。匹
必有忌者爲之播弄於其間也是謂得敵故雖墜遷不如不調。仍服原職爲是」

六四。月幾望。馬匹亡。无咎。

象傳曰。馬匹亡。絕類上也。

六四重陰之爻月。陰也。故象取月月至幾望而始盈。盈則中實有孚之象。四與
五比五爲君位日也。四爲月月無光得日之光以爲光。是日月交孚也孚之正
者也。故曰月幾望馬者卦體本乾乾爲馬四動成巽乾象已失。故曰馬匹亡。匹
謂初以四與初以類相應。謂之四。巽爲風馬之良者。能追風中孚十一月。正胡
馬感北風之時。是中孚之氣候。有以感之也。象以馬匹亡。釋曰絕類上也。類上

也。初亦乾體。象馬。如馬之離其羣匹絕初之類而上五也。月幾望豐者死。盈滿匹

嫌。馬匹亡者。无黨同之累。夫復何咎窃又別得一說按萬得月迸精戴將生月

與馬自相感孚。故月馬竝言幾望者。爲月盈滿之時。匹亡者。即傳所謂絕類是

馬之至良至馴者也。四爻重陰得坤氣坤爲月亦爲牝馬爻象兼取迸以其羊

氣相孚也。亦足備解。

（占）問時運運當全盛宜保泰持盈去私從公得以无咎。○問營商月幾望喻財

利之豐盈馬匹亡。喻謀事之快利吉。○問功名有春風得意之象⊙問戰征宜

於月夜進攻。馬脫蹄兵衛枚奮勇而上定可獲勝。○問婚姻願望頗豐匹亡者。

恐不久有喪偶之災。○問疾病三五之期不利。○問家宅此宅陰氣太盛恐同

居中難免死亡之禍。○問行人十四五可歸。○問六甲生女。

（占例）縉紳某來請占謀事筮得中孚之履。

爻辭曰。六四月幾望馬匹亡无咎。

斷曰爻象取月。取馬月則乘時而滿馬者絕羣而趨是爲全盛之象今居下占

謀事得中孚四爻。知足下所謀之事。約在望前可以成就。惟一時同謀諸友。其
間有性情契合者。亦有意氣不投者。所謂風馬牛之不相及也。宜以其不投者。
絕謝之。使不致敗乃事矣。故无咎也。

九五。有孚攣如。无咎。
象傳曰。有孚攣如。位正當也。

九五為孚之主。有孚一言。惟五足以當之巽為繩五艮為手。象攣。五居君位二
為臣位。五與二相應。即與二相孚孚曰攣如孚之至也。孚於臣孚於民亦可孚
於邦。象所謂孚乃化邦。由是而暨焉。小畜五爻亦曰有孚攣如中孚與小畜同
體巽順。故同象象傳以位正當釋之。謂二五之位適當是以牽繫不絕。故能有
孚如此。

（占）問時運所謀所求。無不稱心。○問營商。同心協力。合夥經營。無不獲利。○問
功名有求必成。○問戰征軍心固結戮力同心。自能制勝。○問婚姻有二人同

心百年好合之慶。○問家宅。一家和樂百寶盈止。○
舉攣帶病延年。尚无咎也。○問訟事。防有桎梏之災。○問六甲生女。
（占例）縉紳某來。請占請婚筮得中孚之損。

爻辭曰。九五。有孚攣如。无咎。

斷曰卦象爲至誠感孚心心相印。故曰中孚。五爻爲爻之主爻因攣如正見其
相孚之情。有固結而不解者矣。今占婚姻得此爻象。知兩家必是素相契合。有
如手如足之好。此番締姻自然夫唱婦隨。莫不靜好。且五爲貴爻。亦必是名門
閥閱之家大喜。

上九。翰音登于天。貞凶。

象傳曰。翰音登于天。何可長也。

雞曰翰音雞必振羽而復鳴翰羽翩也雞鳴不失時孚之象也雞本微物而翰
音遠聞人無實德。而有虛聲者似之上居孚極區區小忠小信上澈九天雞正

亦凶象傳釋以何可長也。謂其繩盜虛聲。何能久乎。

(占)問時運運途亦盛。但虛而無實。轉覺可危。○問營商場面顧廣聲勢亦宏有

外觀而無內蘊。恐其不能久也。○問功名繩盜靈聲。君子所恥。○問婚姻恐難

偕老。○問家宅此宅有牝雞司晨之象。家業難保凶。○問疾病肝風作痛喊叫

聲。病狀頗苦凶。○問訟事勢將上控凶。○問六甲生女。小兒善啼恐難育。

(占例)一日有自稱天爵大神者。來。余問其名之何來。并相訪之意。彼曰。余愛知

縣士族也。爲患道路險惡行者苦之。乃攜鍬一挺出東海道獨力修繕。凡至一

鄉呼告村人使咸相助力。率以爲常。一日山田大臣。經過其地。見余修路促使

相見。余乃陳述心願。大臣贊之曰。忘身而圖公益者。謂之天爵大臣。余因之自

號爲天爵大神。問其來意曰。今欲架一橋。勸募資助。余乃金若干與之。大神又

請占運氣。筮得中孚之節。

爻辭曰。上九翰音登于天。貞凶。

斷曰。一鳴而聲聞于天者。鶴也。雞乃家禽。而妄竊鳴鶴之聲。繩盜虛聲。恐干災

禍。故爻曰貞凶。今君占氣運。得此爻象。適與君之作爲。如合符節。君以苦心苦

力。修繕道路。事非不正也。然好名之心太重。實欲藉此區區勞力。以博美譽試

觀水無源者立涸。木無根者立枯名。而無實。其安能不敗乎。且君稱名駭異。即

取禍之由也。須歛蹤自晦可以免害。

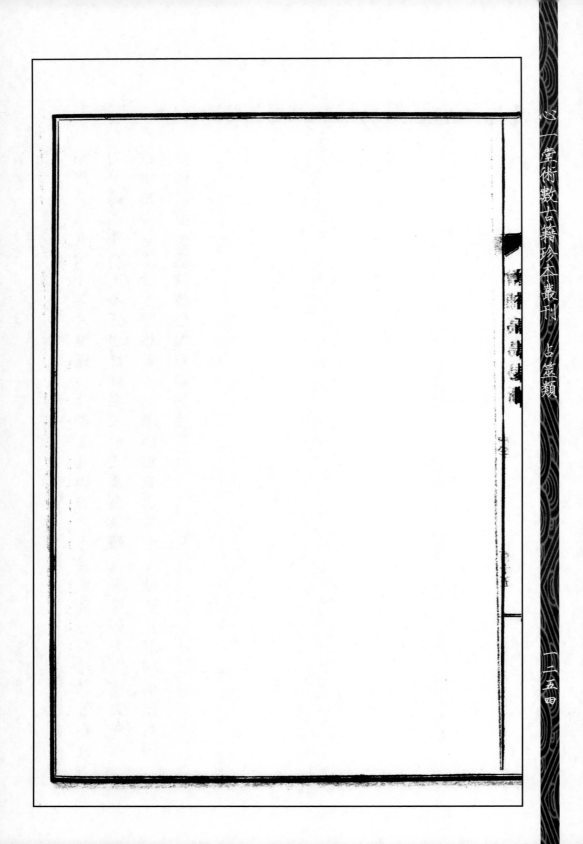

雷山小過

為卦二陽在內四陰在外。陰為小。謂之小。陰過於陽。謂之過。卦體震上艮下。震動也。艮止也。動止宜得其中。若過動過止。皆謂之過。震為雷艮為山若雷過猛。山過險。亦謂之過。以其所過皆在小事。此卦所以名小過也。

小過亨利貞可小事不可大事飛鳥遺之音不宜上宜下大吉。

小過者。陰過乎陽。即行過乎恭。用過乎儉。喪過乎哀之謂也。過在細故道乃可通。故曰小過亨利貞者矯世勵俗利在歸正。故曰利貞。四陰禮權在外。二陽道處于中柔弱無力。不足以當大任。祇可小受而已。故曰可小事不可大事震為足。又為音。故曰飛鳥遺之音。遺其音者。哀鳴之聲也。飛鳥過高。欲下不得。哀鳴求救。上則愈危。下則猶得安集。故曰不宜上宜下大吉。吉在下也。

象傳曰。小過。小者過而亨也。過以利貞。與時行也。柔

得中。是以小事吉也。剛失位而不中。是以不可大事

也。有飛鳥之象焉。飛鳥遺之音不宜上宜下。大吉。上

逆而下順也。

過當之謂過。過有大小。是以卦名亦分大小。小過陽過乎陰。則過大。陰過乎陽。則

過小。二卦內外反對。各有偏勝。故為過也。小過動而遂止。所過者小。小則可通。

故曰小者過而亨也。一動一止。宜當其時。當時之謂正。時當小過。宜以小過處

之。故象曰利貞。而傳則曰過以利貞。與時行也。言其因過而得利貞。乃其時之

當過也。可小事者謹小愼微。力所優為。以二五之柔得中也。不可大事者。遺大

投艱。才不勝任。以三四之剛失位也。飛鳥之象者。二陽在中。象鳥身。四陰在外。

象鳥欲翼而飛也。鳥之徊翔窅集。所以避害。一遭燔弋。則鳴聲上下呼羣求救。

如語所云鳥之將死其鳴也哀。故曰飛鳥遺之音。乘上則逆逆則必凶承下則

順順則大吉故曰不宜上而宜下也。

以此卦擬人事震動艮止人事不外動止兩端動而過動即爲過止而過止。

止亦爲過所過者小。是謂小過在人不動不止則可无過然不止則亦不

亨唯其有過乃亦有亨。故曰小過亨所謂過者往往因時之過刻而故崇其厚。

因時之過猛。而故用其寬過之不失正以其能應時而行也時而宜柔人唯行

其柔耳柔得其中故小事吉也時而宜剛耳剛失其位故不可大

事也。蓋人事之所以得中失中者唯以時宜爲準而已。至所謂不宜上而宜下。

觀夫飛鳥而得其象焉飛鳥象由節上六來節上曰翰音登于天凶是即不宜

上宜下之旨也飛鳥上則危下則安故曰上逆而下順也以喻人事驕亢則危

遜順則安乃知謙卑下人者雖大任不能當而小事則無不吉也唯在柔之能

行夫時而已矣。

以此卦擬國家。國家之大典如夏尚忠殷尚質周尚文。三王締造其制作皆因

增補高島易斷

時而定也。故時宜忠而忠。時宜質而質。時宜文而文各因其時即各得其貞而

道無不亨矣。非其時則過於忠過於質過於文皆謂之過也。其過雖小。亦不得

謂之非過哉。此過所以分大小過也。大過四剛在外。才力盛大故過亦大小過

四柔在外。知識淺小識小故過亦小。譬如身任國政者。大權在握其成大其敗

亦大小節自謹其得小其失亦小。此皆在剛柔之分也。故柔得中則小事必吉。

剛失位則大事不可為矣。即凡政事之逆逆者凶順者吉觀夫鳥之高飛也。

焉宜下而下則謂之順宜下而上則謂之逆有順有逆有上有下莫不由此而出

翱翔冥漠不知所止不下則不得其食。亦不得其棲哀鳴嗷嗷有欲下而不得

者矣。凶之道也。為國家者居高履危當取象於飛鳥而自警焉斯知所順逆矣。

通觀此卦大過自頤來口腹之養過度則有死喪小過自中孚來性情失常則

有災眚故小過之內互為大過不中不信動而不止必同至滅亡。象曰亨者謂

人宜收歛改悔則自亨通使亦如大過之不懼無悶其咎反甚於大過何則大

過有陽剛之才而小過陰柔飛揚躁擾尤所深忌也。卦之取象於飛鳥者。亦有自

二五八

中孚上爻翰音登天來也。故卦體中。二奇象鳥身上下四偶象鳥翼艮欲止而
震欲動。四陰用事二陽迫處凶懼之地。任陰所往不能自止。如鳥之振翼高飛。
身不自主。翼飛愈遠身愈不安。哀鳴疾呼求援不得所謂飛鳥遺音是也。故小
過之時。下止則吉上動則凶所謂不宜上宜下是也。六爻皆取鳥象。初上在外。
爲翼之翰皆凶。二五爲翼。二无咎下也。五雖中无功。上也。三四爲身三艮止之
主不能止而上應。故凶。四震之主雖動而下應。故无咎是以傳所謂上逆而下
順者道由是焉。

大象曰。山上有雷。小過。君子以行過乎恭。喪過乎哀。
用過乎儉。

震雷者動而不止。艮山者止而不動。山上有雷。是雷爲山所止。雷必小矣。故爲
小過。君子取其象以制行。而行不嫌其過恭。取其象以居喪。而喪不嫌其過哀。
取其象以致用。而用不嫌其過儉。蓋曰行曰喪曰用皆動也。象震曰恭曰哀曰

儉。皆止也。象民其恭過哀過儉。皆所以矯一時之弊也。謂之小

過。然亦足矯世而勵俗焉。

（占）問時運運途清高。有不屑汙同流俗之概。○問營商因一時價值過高不合

時宜買賣均難。○問功名以其不諧時俗反爲人忌。○問戰征屯營山上地位

過高進退俱難。○問婚姻想是老夫女妻年歲相去過遠。○問家宅此宅想在

高山。○問疾病是過寒過熱之症須調劑得中。○問六甲生男。

初六。飛鳥以凶。

象傳曰飛鳥以凶不可如何也。

以者即左右之日以是也。鳥以翼而飛。初與上象取兩翼。故皆言飛鳥。小過不

宜上宜下。初在下更不宜上飛則振翼直上。欲下不能。其凶可知也。故曰飛鳥

以凶。初居艮止之始。本無飛象。初與上相終始。上居震動之終。上之鳥動而思

飛。初上分爲兩翼。一翼一飛一翼不能獨止。故飛則俱飛凶亦俱凶。象傳釋以

不可如何。謂上逆下順。初在下。乃不順下而逆上。是自取其凶也。亦無可如何耳。

（占）問時運。不安本分。妄思風騰上進。凶。○問營商。力小而圖大位卑而謀高。不自量力。必致敗也。○問功名。宜卑小自安。○問戰征。初在艮下宜安兵不動。○問婚姻。宜門戶相當。不宜攀結高親。○問家宅屋宇以低小為宜。○問疾病。神魂飛越。凶。○問六甲生男。

（占例）友人某來。請占謀事成否。筮得小過之豐。

爻辭曰。初六。飛鳥以凶。

斷曰。鳥本以棲集為安。以飛翔為勞。飛而不下。是鳥不得其棲息矣。是以凶也。猶如人皇皇道路。有不遑安處之狀。今君占謀事。得此爻辭。知君所謀意欲舍小圖大。去低就高。為力謀上進之事。就爻象而論。鳥之飛愈上愈危。欲下不得。喻言君之謀事愈大愈難。不特其事不成。即他日欲退而就小。而亦不能也。勸君安心退守。不作妄想。斯可免凶也。

○二十七年冬至。占二十八年我國與露國交際。筮得小過之豐。

爻辭曰。初六。飛鳥以凶。

斷曰。初爻處艮之下。艮。止也。本不宜動。乃鳥以動而飛。是失艮之止。以從震之動。舍順就逆。是以凶也。象辭曰。不宜上宜下。鳥能安其在下。則凶可免矣。今占我國與露國交際得此爻象。是當以內民屬我。外卦震屬露。在露虎視眈眈。祗知動兵爭強。我以止戈無事。安息民心為尚。現雖與清交戰。亦出于勢之不得已也。乃露若忌我之勝。有躍躍欲動之意。彼動而我亦不能不動。故初與上皆言飛鳥。是象之發現在此。果若兩動則必兩凶。當謹守宜下之戒。則可以免凶。後我與清國媾和。俄國出而與英德連盟。為清索還遼東。我政府能法順下之旨。乃得平和結局。

六二。過其祖。遇其妣。不及其君。遇其臣。无咎。

象傳曰。不及其君。臣不可過也。

易例陰陽相應爲君臣爲夫婦取其配偶無應者或爲父子或爲等夷或爲嫡

媵或爲姑婦取其同類五爲父母之位亦爲祖姑之位陽爻爲父爲祖陰爻爲

母爲祖姑五爲父母則必以二爲子五爲祖姑則必以二爲孫今二五皆陰而

不相應有姑婦之配故曰過其祖遇其妣常例五爲君此卦君當謂上五則臣

也故臣謂二五過四而與五遇則止於五而不上故曰不及其君遇其臣可過

而過不及而不及爲能得經權之中無過不及之偏故无咎且二五以柔相觀

五尊二卑卑之于尊弗過則可承其禮遇過則有踰越之嫌故五視上雖上為臣

而二不可遇也不遇則二于上但覺廉高堂遠瞻仰弗及矣不可過而不過

安于宜下夫何咎此小過之最善者也象傳之所釋者以此。

（占）問時運運途平順不得其全猶得其半亦可无咎矣。〇問營商貿資以往雖

未得滿載而歸亦足稱十得其五矣。〇問功名不得其上已獲其中。〇問戰征。

已得斬其將拔其旂夫復何咎。〇問疾病藥力未到。〇問婚姻恐非正配。〇問

家宅宅神不安。〇問六甲生男。

（占例）明治十八年七月余避暑遊伊香保有號其角堂主人者工俳諧訪余旅寓自云近來俳諧道衰是愚所嘆息也每年朝廷有和歌御製許民間咸相慶和獨俳諧無聞愚竊欲上俳諧天覽之議聞先生通曉神易請占成否筮得小過之恒。

爻辭曰六二過其祖遇其妣不及其君遇其臣无咎。

斷曰此爻六二重陰柔弱無力爻曰遇妣遇臣所遇皆陰象又曰不及其君是明言不能上達君聽也足下占俳諧上呈得此爻辭在俳諧爲和歌變體主文譎諫片字隻句頗得温和厚平之旨固非徒玩弄風月已也爻辭曰過其祖遇其妣不及其君遇其臣即此論之雖不及上獻九重或獻之於宮闈或陳之於貴顯當必有風雅相尚者矣故曰无咎其角堂主人得此占大爲心喜。

○二十九年六月朝鮮人朴泳孝歸自米國訪我山莊曰朝鮮政府同志者以王内命促余歸國余猶疑未決請爲一占以定行止筮得小過之恒。

爻辭曰六二過其祖遇其妣不及其君遇其臣无咎。

斷曰爻辭曰不及其君已可見促足下歸國者不出於君命或出自臣下之意

也爻象六二重陰陽多吉陰多凶去恐有禍且卦體上動下止貴國政府來召。

應外卦之動內卦艮止以示足下不歸之兆爻象如此在足下雖故國殷情還

宜自愛切勿匆匆歸去朴泳孝聞此占遂絕歸計後聞朝鮮政府黨類傾軋廷

臣多有以冤罪就刑者。

〇三十年占我國與英國交際筮得小過之恒。

爻辭曰六二過其祖遇其妣不及其君遇其臣无咎。

斷曰我國與英國地隔重洋相距數萬里兩國所以連盟者全籍使臣之通其

好耳即爻辭所云不及其君遇其臣之謂也就卦位言內卦屬我外卦屬英二

五各居卦中就卦象言全卦象取飛鳥二五爲鳥兩翼飛則兩翼俱動足見我

兩國聯合之象相挾相助儼同一體故无咎也。

九三。弗過防之從或戕之凶。

象傳曰。從或戕之凶如何也。

三處下卦之上。重剛不中。象所謂不可大事者。三四當之且三爲多凶之地。過
將爲往。故爻曰弗過卦體剛陽。一畫橫亘其中有防之象。艮止也。有防之義。防
者。止其過也。止其過即當弗過。上互兌兌爲金刀。有戕之象。三踰防而過。或有
從而戕之者矣。或雖爲未然之事。而其勢已岌岌可危。故凶象傳曰凶如何也。
謂純剛既足召禍。强進更必致災。凶由自取。無如何也。

(占)問時運運途不正。謹愼自防。尚可免禍。○問營商販運出外。防遇盜刼之凶。○
宜勿前進。○問功名切弗往求。求則有禍。○問婚姻匪婚媾則寇讎也。宜防。○
問家宅有凶禍臨門宜謹防之。○問疾病防是刀傷凶。○問失物不必追尋。方
可免災。○問訟事防干大辟。○問六甲生男難育。

(占例)橫濱商人橘屋磯兵衛氏來曰友人左右田金作今朝遣店童送紙幣三
千圓。於三井銀行。至午後未還往問三井銀行。云竝未送來。於是馳人徧索不

得踪跡。請爲一占明示方位筮得小過之豫。

爻辭曰。九三。弗過防之。從或戕之。凶。

斷曰卦體震上艮下艮爲少男震爲長男三爻重剛不中正當二男之象辭曰。弗過防之。從或戕之。凶三在內四在外言三須謹防弗過四處若踰防而過恐遭戕賊之禍據此爻象此人必已遭害在謀害者必是相熟之人非外來之盜賊也爻在第三三爲鳥身一時不能飛逸五爻曰公弋取彼在穴自三至五爲三日不出三日凶手必可捕獲也後三日果得此死屍於某之米櫃中謀害者。名雨宮忠右衛門捕執鞠問二人係同鄉常相往來此日該童携三千金幣過忠右之宅忠右知其齎大金頓起不良綏而殺之奪其金隱匿死體於米櫃中。以布襄之意將託鄰人而棄諸江云。

九四。无咎。弗過遇之。往厲必戒。勿用永貞。

象傳曰。弗過遇之。位不當也。往厲必戒。終不可長也。

四亦陽剛不中。四處外卦之下。以剛居柔。非若三之重剛在上也。故无咎弗過

遇之。遇者不期而遇者也。小過不宜上宜下。不可前往則有危故曰往屬必

戒所以戒其妄動也。象曰過以利貞與時行也。時當夫動以動為貞時當夫止。

以止為貞貞在隨時。不在固守。故曰勿用永貞象傳以位不當釋弗過遇之謂

以陽居陰剛而失位。示弗過五也。以終不可長釋往屬必戒謂往則有危。不可

長守其正也。此爻九家易謂四進則遇五。不復過于卦象最合漢人言象固有

至當不易者。

(占)問時運。運以當可之謂時。勿宜妄動輕進。○問營商得可而止。切勿過貪。○

問功名不求躁進。自得巷遇之慶。若妄動希榮。恐反遭禍。○問戰征。四剛而失

位。勿宜進攻。乃可无咎。○問婚姻。自有良緣得時則遇。勿宜急急媒聘。○問家

宅。安居為宜。無用遷移。○問六甲。生男。

(占例)友人某來。請占借貸錢財。筮得小過之謙。

爻辭曰。九四无咎。弗過遇之。往屬必戒勿用永貞。

斷曰。四處震之始。震爲動。動則思欲前往。自四往上。必先過五。爻曰弗過。當自

有禮遇禮遇即在五也。遇則反危。必當戒慎。今占借貸得小過四爻知足下爲

借貸而前往。四與五比。不可過於五。必有相遇於五也。五爻曰。密雲不

雨。則大惠必難望矣。又曰弋取在穴。則小惠當必得也。若越五而往不特无獲。

且致危厲。所當自戒。

六五。密雲不雨。自我西郊。公弋取彼在穴。

象傳曰。密雲不雨。已上也。

密雲不雨。與小畜象辭同。言其不能濟大事。即象辭所云不可大事之義也。六

五。以陰居尊。陰之盛也。陰盛則有雲雨之象。五互兌爲密。故曰密雲。兌又屬西。

故曰西郊。上震下艮。震動而艮止之。故曰不雨。蓋小過盛陰在外。陽氣伏藏。是

以密雲而不雨也。雲之占自東而西則雨。自西而東則不雨。故曰自我西郊。易

例。大事稱王。小事稱公。小過可小事不可大事。故曰公。卦自坎來。坎爲隱伏。穴

之象坎又爲弓爲弧弋之象弋所以取飛鳥也。故曰公弋取彼在穴密雲不雨。

是不可大事也弋取在穴是可小事也不宜上故雲在上而不雨宜于下故穴

在下而可弋五爲卦主故象之旨皆於五發之象傳曰己上也亦即以釋象不

宜上之意也。

(占)問時運運途平平難成大事只可小受○問營商小利可占○問功名伏處

山林當有弓旌下逮○問戰征敵於山穴中設有埋伏宜先攻取之○問婚姻。

是鑽穴隙以相從者非正娶也○問天時大旱○問失物當就穴地中覓之○

問疾病宜用針刺之法治之○問六甲生男。

(占例)三十年占陸軍省氣運筮得小過之咸。

爻辭曰六五密雲不雨自我西郊公弋取彼在穴。

斷曰雲行雨施者動象也震動而艮止之故有雲而不雨艮爲穴震爲逐象弋

取是穴在下而震取之即象宜下之謂也爻象謂雨不下降是不可大事謂穴

而可取是爲可以小事今占陸軍氣運得此爻辭陸爲旱地本不取雨西方屬

金金兵象。我國居東兵必西行。西郊正行兵之地也。宍亦陸地。可以伏兵公指
陸軍之大臣也弋本軍政所必需。或於軍隙之暇獵彼山野弋取飛鳥以供軍
食弋本小事。無不可也。知本年陸軍無大動作可相安無事也。

上六。弗遇過之。飛鳥離之凶是謂災眚。

象傳曰。弗遇過之已亢也。

上爻重陰不中居全卦之極上與初為終始。故初曰飛鳥。上亦曰飛鳥四曰弗
過遇之。上曰弗遇過之其義大反弗過遇之其義大反。弗過遇者謂弗過於五。而自得所遇。遇則无咎
也。弗遇過者謂不過於五。而復欲過之過則必凶也。位處卦外象為鳥翼與初竝
飛。初當始飛。上則其飛已極故凶尤甚。羅網高張。欲脫不得詩所詠
魚網之設鴻則離之是也以亢致災。違不宜上之戒也。故象傳即以亢釋之。

(占)問時運。高而愈危進而愈屬。不知退守。凶由自取也。○問功名躁進取禍。○
問營商。既不遇時又復妄進。必致取敗。○問戰征凡行軍前進。不遇敵兵。知敵

軍必於暗地設伏宜即退軍否則必陷險難。○問婚姻。防墮奸媒之計。○問六

甲。生男。

（占例）友人某來。請占其子疾病。筮得小過之旅。

爻辭曰。上六。弗遇過之。飛鳥離之凶。是謂災眚。

斷曰卦象取飛鳥上爲鳥翼。鴻毛遇順風。飛鳥之所顧也。乃不遇而復過之。是

鳥之飛而不止者。取凶之道也。今足下占子病得此爻辭。上處震之極。震爲長

子。知足下必長子患病。爻象重陰不中。知病必是過寒之症。醫者不察其過寒。

而復以寒凉之劑進之。是以病愈凶也。鳥離羅網是謂活捕。尙未致死其病猶

可望生。此爻已終。下卦既濟。既濟者。謂得濟夫險也。如此則病又可挽囘矣。

水火既濟

䷾

卦本地天泰。泰交故水火濟。水在地中。未升於器。火在木中。尙麗于空。卦取潤下者。加諸火上。取炎者厝諸水下。是謂既濟。此卦所以名水火既濟也。

既濟亨小利貞初吉終亂。

濟者渡也。既者盡也。萬事皆濟。故曰既濟。卦取坎離。坎水潤下。離火炎上。相交爲用。陰陽和會。百務就理。無有不亨。然既濟之亨。亨猶其小者耳。故曰亨小。在處既濟者。猶當勿侈其亨。在勵其貞。貞於初。亦貞於終。斯有吉无亂矣。故曰利貞。若不能長保其貞。則亨通未久危亂隨之。故曰初吉終亂。

象傳曰。既濟亨。小者亨也。利貞。剛柔正而位當也。初吉柔得中也。終止則亂。其道窮也。

序卦傳曰有過物者必濟。故受之以既濟譬如有過人之才德者。然後可以濟

世。此既濟所以繼小過也。既濟未濟處易上下經之終。其象皆取諸坎離。坎離

者。天地之大造。水火者生人之大用。水得火不寒。而資生之利普火得水不燥。

而烹餁之功成。水火相濟謂之既濟既濟者。剛柔得中。物無不濟。雖小亦通。故

曰亨小傳曰小者亨也。小者尙亨。何況於大。蓋亨之道。由既濟而來。則得其亨

者。更當保其既濟。是宜利貞。剛柔正而位當既濟之所以爲既濟者在此矣。由

是而得亨由是而得貞亦由是而有始。由是而有終則有治無亂。可也。傳曰初

吉終亂正爲不能持終者戒焉。故凡當既濟之時所貴防微杜漸持盈保泰斯

汲汲求治不至有初而鮮終也。若徒拘於目前。而志滿氣盈。不自乾惕則治于

此止。即亂于此起矣可不愼哉傳以柔得中釋初吉謂柔小尙得其中。則剛大

無不濟矣。是以吉也。以道之窮釋終亂。謂進修既以中止。則前功必難恃矣。是

以亂也。

以此卦擬人事。人事之用。莫大乎水火。在人身則以血氣爲水。以心神爲火。在

日用則灌漑必需水烹飪必需火且水非火亦无以奏其功火非水則无以成

其用蓋水火雖相剋而實以相成相成則相濟相濟則相通使小有來通即不

足謂之濟也旣濟則無不通矣故曰旣濟亨小是旣濟在人事大而邦家小而

身心窮通得失生死存亡之故皆在其中傳曰小者亨也而大者要亦無不亨

矣卦體以柔居柔以剛居剛各得其正即各當其位譬如人事之無所偏曲道

在利貞而邪僻自不得行也柔得中謂離之中虛虛則明離在下故曰初吉止

則亂謂坎之中滿滿則危坎在上故曰終亂凡人事之靡不有初鮮克有終觀

夫旣濟當知所戒矣。

以此卦擬國家爲卦內離外坎坎難也離明也是以離明而濟坎難即明夷所

云文明柔順而蒙大難之旨也以明濟難而難定矣是之謂旣濟旣濟而視若

未濟則濟於初亦濟於終斯亨者永亨貞者永貞而治道庶乎其不窮矣若旣

濟而自恃爲旣濟則止其道窮也自古帝王精一危微之傳其在玆乎。

大象所云思患預防者正所以保旣濟之終也已。

通觀此卦易六十四卦首乾坤上經三十卦終坎離以其爲天地之終也下經

三十四卦終既未濟以其爲坎離之交也天下之事未濟則憂其不濟既濟則

宜圖其永濟然無終不初无往不來一治一亂者天也一陰一陽者道也天无

無陰之陽世無不亂之治今以爻觀六位得所未有如既濟者奇偶各三其數

均也以陰居陰以陽居陽其位當也六爻上下剛柔相配其應正也乾坤以來

三百八十四爻循環往復變化交錯而後得既濟離明在內坎險在外明以消

險以開濟世成功之會由此而慎始圖終有治无亂固萬世人民之幸福也然

亂極思治治極思亂天運剝復卦象已示其機矣下離而互坎上坎而互坎反

復之象也以陰而乘陽初治而終止盛衰之兆也故象曰終止則亂可知造化

之數不能長治久安者非人力之强排可以終濟也又以圖數推之初剛二柔

三剛四柔五剛六柔與天一地二天三地四天五地六其數正合然至六而止

是亦天地無完數也所以未濟方來皆自然之法象故衆人以既濟爲喜聖人

以既濟爲憂何者未治易治既治難保六爻之孜孜以保濟者各有次序焉初

為濟之始。力求其濟者也。二得濟之中。不失其濟者也。三涉濟之險。言其濟之

甚難也。四處濟之時。懼其濟而復失也。五受濟之福。喜其濟之合時也。六當濟

之極。慮其濟之不可久也。凡卦皆至終而窮。既濟之終。則為未濟。六十四卦窮

于未濟。既濟變而為未濟。豈但既濟之窮而已哉。則初吉其可恃乎哉。

大象曰。水在火上。既濟。君子以思患而豫防之。

水性潤下。火性炎上。水在火上。火在水下。二者相資為用。得以成既濟之功也。

君子玩其象。而凜凜焉。不以既濟為可恃。更以既濟為可危。坎險在外。防患之

象。離明在內。豫思之象。禍每生於不測。害即伏於既安。豫時而防之。則可以保

其初吉。即可以戢其終亂。故曰君子以思患而豫防之。

（占）問時運。運途全盛。盛極必衰。須防後患。○問營商。目下貨物得時得價正當

滿足。須留後步。○問功名。居高思危。得防其終。○問戰征。大難既平。大險既定。

戰勝功成。還宜圖始保終。毋貽後患。○問家宅。大廈既成。尚完苟合。貽謀孔遠。

○問婚姻。有好合百年之兆。○問疾病。大病旣瘥。更宜自保○問訟事。毋再涉訟。○問六甲。春夏生女。秋冬生男。

初九。曳其輪濡其尾。无咎。
象傳曰。曳其輪義无咎也。

旣濟爻義大略與泰同。泰下卦三爻。爲泰中之泰。上卦三爻。爲泰中之否。旣濟亦然。其所以分內外者。離爲明。坎爲險。猶泰以乾爲有餘。坤爲不足也。旣濟初爻以濟渡取義。故有曳輪濡尾之象。坎爲輪。爲曳。初爲尾。曳其輪者曳之前進。是用力而求濟也。按詩濟盈不濡軌。始濟而濡及馬尾言濟之難也。然尾雖濡而曳不倦。曳者濟矣。初居濟之始。力求其濟如此。故无咎也。象傳即以无咎釋之。

(占)問時運。運未脫險。當自奮勉。可以无咎。○問營商。初次經營。跋涉多艱。前而不止。雖危得濟。无咎。○問功名。先難後獲。○問戰征。雖有車脫馬蹶之危。一鼓

一七八

而進。當必可獲勝也。○問家宅。初次遷居。雖此宅或輪奐不美。或首尾不完。居

之无咎。○問婚姻。火爲水妃。初聘則吉。○問疾病。初病雖危无咎。○問六甲。初

胎生女。○問失物。物已沾水當就車中覓之。可得。○問行人。在途稍有水災。无

咎。

（占例）明治二十一年縉紳某來。請占氣運筮得既濟之蹇。

爻辭曰。初九。曳其輪。濡其尾。无咎。

斷曰。輪車輪涉水之具。尾馬尾。爲水所濡也。是爲曳輪濟水。馬尾被濡。蓋言初

濟之難。初能用力求濟終得无咎。足見人當涉險之時。奮力脫險。險无不可濟

也。今貴下占時運得既濟初爻。知貴下方今盛運已來。時安身泰。但險難初脫。

尚小有災害。可无患也。明後二三年猶須謹戒。四年後則吉福來臨。全盛有慶。

无往不利。

六二。婦喪其茀。勿逐。七日得。

象傳曰。七日得以中道也。

火爲水妃。故二離象婦萑車蔽也。爾雅與革前謂之艱。後謂之禦。

後謂之蔽曰。蔽以竹革而異也。詩則統謂之蔽。碩人翟茀以朝孔疏云。婦

人乘車不露。車之前後皆設障以自隱蔽。謂之茀。喪茀者失其所蔽也。二當臨

濟之時驅車前進。車在前萑在後。中途喪茀停車而逐將有欲濟而不及者矣。

故示之以勿逐七日得者猶復也。陰陽之數。至七而復一卦六爻循環往復。

自二後至七又值二爻故不過七日而自得也。象傳以中道釋之曰辰十二。七

日正當中也。喪茀者或云二乘車適五。四當其前四坎爲盗是竊茀者也。其說

亦通萑釋文。茀首飾馬從之干云馬髟按詩屢言茀皆作車蔽。且初曰曳輪二

曰車茀象正相合當從鄭作車蔽。

(占)問時運。小小得失切勿介意方得脫大難成大功也。○問營商有失而復得

之象。○問功名七年內定可復職。○問戰征中途被刼喪其輜重七日內必獲

勝伐。〇問婚姻早則七月遲則七年可復團聚。〇問家宅其宅被人佔居七年

後即可歸還原主。〇問疾病七日必愈。〇問失物不久可得。〇問六甲七日內。

可產生女。

（占例）一友訪余山莊。談及某貴顯曰貴顯以未賜勳章爲憾。請爲一占。筮得旣

濟之需。

爻辭曰。六二。婦喪其茀。勿逐七日得。

斷曰茀爲車蔽。言婦人乘車。設之所以自蔽也。喪茀則失其所蔽矣。勿逐者謂

區區小失不必追逐。不久自可後得。喻言人當建大功。立大業瑣屑微物得喪

本不關榮辱也。今爲某貴顯占勳章。得此爻象。爻象所言顯然明示勸貴顯不

必憂慮。七日得者謂不久定可榮膺寵錫也。後友人復來曰。占筮甚靈。某貴顯

已得寵錫勳章。爻辭之言恰如爲某貴顯特設者也。

九三。高宗伐鬼方。三年克之。小人勿用。

象傳曰。三年克之憊也。

高宗殷中興之主。鬼方西羌國名按竹書紀年。武丁三十二年。伐鬼方。次于荊。

三十四年克鬼方。氐羌來賓。即高宗伐鬼方。三年克之。實事也。既濟爻象。初二

皆在濟中。至三始濟。故取三年克鬼方。以爲況。高宗賢主鬼方小國六師所加。

三年乃克。師亦憊矣。以喻濟坎之難如此。天下之事。每以艱難得之。安樂失之。

當其始。數載經營而不足。其後一旦敗壞而有餘。而其弊皆由於遠君子而近

小人也。故戒曰勿用小人處既濟者所當凜凜焉。師上爻曰開國承家。小人勿

用。與此爻辭意正同。

（占）問時運。忍苦耐勞所謀必成。〇問營商。數載經營。方可獲利。〇問功名。辛苦

而成。〇問戰征。勞師久征。所攻雖得。然亦憊矣。〇問婚姻。三年內可完配。〇問

家宅。此宅陰象太重。三年後方可居住。〇問疾病。此病一時無恙。三年內必難

保全。〇問訟事。三年可了。防小人又復生事宜戒。〇問六甲。生女。

（占例）某商人來。請占謀事成否。筮得既濟之屯。

爻辭曰。九三。高宗伐鬼方。三年克之。小人勿用。

斷曰。高宗伐鬼方。歷三年之久。而乃得克之。以喻三爻處內卦之終。歷初二之難。而始得濟之。其象正同觀此。即可知謀事之非易易也。今君占謀事成否。得此爻辭。知君所謀之事。一時必難就緒早則三月。遲則三年。方可合議成就成後二年。定有大來之吉。但其事與君子合謀。自有利益。與小人合謀。必致敗壞。君其尤當注意焉。

○三十年。杉浦重剛氏來曰足尾鑛毒事件。紛紛滋議。朝野騷然。請占其結果如何。筮得既濟之屯。

爻辭曰。九三。高宗伐鬼方。三年克之。小人勿用。

斷曰按九三艮爻艮爲鬼門。故曰鬼方。三居坎離之間。坎爲毒。爲疾離爲大腹。三與上應。三至上三爻。故曰三年克之者治之也。象爲腹受其毒以至死亡。其毒實起於離火。出自坎水。非一日矣爻辭所云高宗伐鬼方者鬼方。喻言其地

之陰也。高宗賢主。喻言必有能人治之也。今占足尾鑛毒。得此爻象。按足尾銅

山。每年出銅一千二百萬斤。其價不下三百萬圓。政府收稅得十五萬圓鑛局

夫役約有一萬八千人數。皆賴此爲生活。是我國鑛山所最大者也。毒由鑛銅

出丹攀丹攀有毒。毒入河流。平時未聞其害。因洪水浸田。其毒遂滋原洪水衝

決由於堤防不固堤防之害。咎歸土木局。至土木局修築堤防。必需經費其責

又歸大藏省今鑛毒事件紛議未有的目。多爲小人從中扇惑所致。恐此案亦

將亘三年之久乎必於此事無甚關係者不許干涉。謂之小人勿用修築堤防。

以杜坎水之害。此案自得終局矣。

六四繻有衣袽。終日戒。

象傳曰。終日戒。有所疑也。

按繻爲采繪。袽爲敝衣。四處內外卦之交。出離入坎繻有文明之象。蓋取諸離。

袽爲敗衣。坎爲破。蓋取諸坎言四當既濟之盛衣冠濟濟。文物聲名。煥然一新。

然天命靡常。盛極爲衰。新條成。故若不因時彌縫。曾不幾時。立成敗壞。猶是繪
采之華裳。未幾而爲敝敗之殘絮矣。故曰繻有衣袽。既濟。由乾坤二五相易而
來。終日戒者。即乾乾惕若之意。當既濟而益勵危心。其戒愼無已時也。
故曰終日戒傳釋以有所疑坎爲疑。疑者。未然而憂其或然。亦戒也。繻王弼謂
宜作濡。衣袽謂以敝衣塞舟漏也。王弼之解。強從濟字取義。謂濟必有舟。舟或
有漏。則濡濡則敝衣塞之於爻辭繻有衣袽一語。添生枝節。自圓其說。未免矯
強。

(占)問時運。運當全盛。然不預防衰即立至。所宜謹戒。○問營商。如舟行中流。舟
漏急宜補修。○問功名。有忽錫忽褫之懼。○問戰征。奪幟易幟。勝當慮敗所貴
臨事而懼。○問婚姻。古人多以衣服比夫婦。爲不可喜新而棄舊也。○問疾病。
是老弱之症也。○問六甲。生男。

(占例)一日西村捨三氏來曰。予奉職土木局長。數年來爲治水巡回全國。已三
次矣。溯自維新以前各藩自保疆土。堤防山林。各有禁令。是以林木暢茂。土脈

堅固。無堤防潰決之患也。維新以降政令一變。山阜陵谷。無不開墾泥土流出。
壅塞河道以致河流不通。溢出堤上洪水汎濫爲災非淺。乏奠平之策。子幸一
筮以示處理之方筮得既濟之革。

爻辭曰。六四繻有衣袽終日戒。

斷曰爻辭繻有衣袽繻作濡爲濡漏之象衣袽敝衣爲塞漏之用。終日戒者。爲
危險之至。非一時可濟須終日防備也。舟漏雖小而治水之法爻已顯示其象
矣足下占治水之方得此爻辭所謂危者防之。漏者塞之爻曰衣袽第即一物
以喻之而已。或用沙土或用木石皆可以衣袽例之因地制宜由小及大皆在
足下酌行之耳終日戒三字最爲切要所當刻刻預防不可稍懈。有危心無危
地也治水之道。無過於此。

〇知人阪田春雄氏甞奉命赴澳國博覽會。余一日訪其家。其母語余曰前有
電信報告歸期今愆期未歸立無後電心甚憂之。請余一占筮得既濟之革。

爻辭曰。六四繻有衣袽終日戒。

斷曰此卦上坎下離離南坎北今四爻出離入坎是船已過赤道而在北洋之

象依爻辭知有行舟破漏之患實爲可慮然離陰變爲坎陽生命無害又進一

爻則五爻之陽變而爲陰是水變爲地即全身上陸之象其免難也必矣時其

家有洋學生三人聞此斷語竊相誹笑余曰易理甚妙非諸君所知也諸君不

信待春雄君歸時可知靈驗矣後數日春雄氏歸曰船抵赤道以北爲暗礁所

傷是以著港致遲延也。

九五。東鄰殺牛。不如西鄰之禴祭。實受其福。

象傳曰東鄰殺牛不如西鄰之時也實受其福吉大

來也。

五與二相應猶東與西相對五爲君二爲臣東鄰爲君是紂之國中西鄰爲臣

是文王之國中也按紂都在東岐周在西東鄰西鄰鄭謂殷周是也離爲牛坎

爲豕殺牛而凶不如殺豕受福喻言奢而慢不如儉而敬也上卦處旣濟之後

下卦當甫濟之時殷天子祭用大牢故殺牛周西伯不得用牛用豕故為禴當

日殷道已衰時為既濟周德方新時為甫濟既濟者時已去甫濟者時方來已

去不復也方來者未有已也則殺牛不足侈而禴祭大可恃故曰東鄰殺牛不

如西鄰禴祭實受其福九五陽爻陽為實五體乾乾為福象傳以吉大來釋之

泰曰小往大來吉亨自外而內曰來卦以二五相易為乾成泰謂福自乾來也」

(占)問時運已盛則退方盛則進宜保儉約毋侈奢華吉凶皆由自取也○問戰

征盛氣在西宜順天修德不宜暴兵耀武○問營商合夥同業殷富者亦奢不

如儉約者實獲其利也○問功名已成者宜慎未成者大可望也○問婚姻宜

就西鄰訂姻吉○問家宅宅以西首為吉○問疾病宜禱○問六甲生男

(占例)橫濱辨天通橘屋者余之所知也其鄰家有岩井屋某專售西洋家具明

治元年余因橘屋介紹賣與材木價值數千圓豈知彼陽飾富裕內實貧困閱

數日不償其價余乃憂之以一占決之筮得既濟之明夷。

爻辭曰九五東鄰殺牛不如西鄰之禴祭實受其福。

斷曰。爻言東隣殺牛不如西隣之論祭受福卦以九五爲東隣。以六四爲西隣。五爲主爻。五與二應是主不如應也。今就所占論之。則以岩井之賣主爲東隣。以橘屋之介紹爲西隣。如此疑橘屋有於中取利矣。我將向橘屋索價橘屋必不能辭責以橘屋當西隣交位屬離離火也。賣者爲材木。木以生火。火得旺勢則坎水受煎東隣亦不能不出而價價也。且離爲女。可著女人而往索之後余果與橘屋妻女相謀乃得受值。

上六。濡其首。厲

象傳曰。濡其首。厲。何可久也。

上爲首。初爲尾是首尾相接也。上處既濟之極反之即未濟。已然者甫能過未然早相待。進而不已。身雖未溺首先犯焉。故曰濡其首夏殷之盛。未幾而壞於桀紂文武之興。未幾而降爲幽厲。所謂治日少而亂日多者。古今有同嘅焉。故曰厲象傳曰何可久。所以戒之者深矣。

（占）問時運好運已過。深爲可危宜愼。○問戰征。上處坎險之極。上爲首。恐首將

有不利。○問營商頭帮賣買必難獲利。○問功名可許奪元。○問婚姻元配有

災。續絃无咎。○問家宅。此宅長房不利。○問訟事防首領難保。○問疾病患在

首面可危。○問六甲生男。

（占例）友人某來。請占行運。筮得旣濟之家人。

爻辭曰上六。濡其首厲。

斷曰上處旣濟之終。不保其終。旣濟即轉而爲未濟。上爲首。是首先濡矣。噫言

人生在世。前運旣過後運將來。旣過者其險已平。將來者其險正多。知足下方

今正當交運之時。前運大佳後運尤當謹愼。可以出險脫危。

未濟反既濟以既濟之上卦反而居下。既濟之下卦反而居上。火與水相背不
交。是炎上者未能成其炎潤下者未能致其潤此卦所以名火水未濟也。

未濟。亨小狐汔濟。濡其尾。无攸利。

不曰不濟而曰未濟非安處不濟也。未耳蓋未濟而自有可濟亦未亨而自有
可亨。故曰未濟亨。坎為小狐汔幾也。濟必登岸始為既濟。一步不至猶未也。汔
濟安得為濟哉小狐力弱。中流失濟。尾重不掉。難免濡矣。復有何利故曰小狐
汔濟濡其尾無攸利也。

象傳曰未濟亨。柔得中也。小狐汔濟未出中也。濡其
尾无攸利不續終也。雖不當位。剛柔應也。

此卦下坎上離。坎爲水。離爲火。火上水下。水火不相交。即水火不相爲用。爲天

地昏而未日。宇宙混而未開之會也。既濟未濟象皆言亨。既濟之亨。已然之亨。

未濟之亨。未然之亨。而終可得亨者以其柔之得中也。小狐不能涉

川不自量力貿然前進雖幾乎濟而終至不濟。未能出險之中也。三四當卦之

中。坎盡于三。故未出中。未出中則飄泊中流。欲進不能欲退不得。是足未登而

尾已濡矣。不續終者謂續既濟之終也。既濟之首乃未濟之始既濟之首乃未

濟之尾。既濟之終而濡首則既濟幾不保其終所望未濟續之耳乃未濟而濡

尾則不能續既濟之首即不能續既濟之終矣。既濟未濟首尾相接終而復始。

不續其終譬如寒暑不錯行日月不代明。而天地亦幾於息矣。況於人事乎故

无攸利處未濟者所當原始要終力求其濟。勿效小狐汔濟而濡尾也。在一時

之未濟者無他以其位之不當也。然位雖不當要自有可濟之理既濟之爲既

濟無非以剛柔之相應未濟亦同此剛柔由未而既在此一濟即在此一續則

未濟之終亦即爲既濟之終而乾元亦由是而始焉。

以此卦擬人事人生涉世不能無險不求其濟當其未濟固不可安於未
濟所當黽勉以期其濟安於未濟則終不濟矣黽勉以期其濟雖一時未濟而
終必可濟也未濟而進爲旣濟旣濟之亨即可爲未濟之亨矣故未濟亦亨處
未濟者由此濟彼涉夫險中即出夫險外必求彼岸之登不爲中道之晝旣濟
之首可續未濟之尾不濡復何往而不利者哉人事當此絕而復續終而復始
已然者保而無失未然者進而無窮如是則未濟者必濟矣而一時猶有未濟
者以其位之不當也按爻位必火在下則水受其煎必水在上則火奏其功顚
倒失位是兩不相用也不相用則不相濟然亦非終不濟也此卦體上互離下互
坎坎剛離柔上下相應旣濟之爲旣濟在此剛柔之相應未濟之
進爲旣濟亦在此剛柔之相應耳以柔濟剛即以終續始復有何險之不濟哉
天道循環人事代更要不外此剛柔之相應而已
以此卦擬國家國家之興衰治亂顚覆存亡唯在旣濟與未濟相續相保而已
矣作易者在殷周之際論者謂旣濟之卦屬諸殷紂未濟之卦屬諸周文文當

蒙難艱貞正値未濟之時也而小心翼翼不回厥德乃所以求其濟焉彼密崇

之距侵皆小狐之汔濟其何能濟哉惟文以柔順文明蒙此大難率能無畔援

無猷義誕登道岸其未濟也其亨也其得天人之相助而成其濟也庶幾大畏小

懷无往而不利者矣乃能以周繼殷即周之未濟以續殷之旣濟則殷之變而

爲周者亦即此首尾之相續也後世繼周而値未濟者皆當取法於文也詩云

淲彼涇舟丞徒棹之可想見其濟之亨也已

通觀此卦旣濟功已畢未濟者事復始終而復始有生生之義焉生生之謂

易易所以終於未濟也旣濟者水在上勢欲下火在下勢欲上二氣參和交致

其用未濟反是炎上者反下升流下者反不交不相爲用致用則其用已

成不相爲用而其用正有待也此即五德相乘四時遞嬗無絕不續之運會也

坎離之旣未旣猶乾坤之泰否泰極則否旣濟而後未濟其象同焉爲卦下三

爻爲未濟中之未濟上三爻則爲未濟中之旣濟由未而旣故爻象視旣濟爲

吉卦體坎上離下離爲日坎爲夜離明坎暗離虛坎實德莫大於明道莫神於

虛。故坎降而離升。坎隱在內。離明在外曰麗天上。水行地下。乾坤正位法象之
自然也。聖人於此當其既濟不忘未濟之念當其未濟倍切既濟之圖業必愼
於創始功不臨於垂成俾天運得以永貞治道得以久安豈不甚願無如陰陽
倒置爻位失當坎離各安其宅水火互藏其用卦所以爲未濟也。在六爻位皆
不當。而剛柔則各相應也。初濡尾無濟之具也。二曳輪得濟之具也。三涉川以
躁動而凶也。內卦三爻皆爲欲濟而猶未濟者也。四有賞以震伐而行志也。五
輝光以有孚而獲吉也。上濡首以飲食而失節也。外卦三爻皆進此未濟而爲既
濟者也。爻以二五爲正應。故皆曰貞吉。初與四雖應。初當濟之始。四得濟之中。
故初不如四吉。三與上皆處極位。三以皆濟而失利上以既濟而以節故皆示
以爲戒戒之正所以保其終也。易之道以不終爲終乃无終而非始。故乾曰无
首坤曰无終。六十四卦不終于既濟而終于未濟爲既濟者已盡未濟者无窮。
以既啓未以未續既乾坤之大用即在坎離之相續也。

大象曰。火在水上。未濟。君子以愼辨物居方。

火熱水寒。物之各異其性也。離南坎北。方之各殊其位也。火在水上。是炎上潤

下。竝失其位。兩不相濟也。故曰未濟君子觀其象而辨其物。使物得

其宜而不相混居其方。使方從其位。而不相越皆以審慎而出之。斯知之無不

明處之無不當。而其濟者乃可進於濟矣。故曰君子愼辨物居方。

（占）問時運運途顛倒諸事須愼。○問營商。貨物失當。地位不合。所當謹愼處置。

方可獲利。○問功名未也。○問戰征營壘器具各失所宜不相爲用急宜愼重

審察斯可免敗。○問家宅方向倒置須當改易。○問婚姻門戶不合。○問疾病。

上下焦血絡不通宜升不升宜降不降方藥最宜審愼○問失物辨明方位可

以尋得。○問六甲。上月生女下月生男。

初六。濡其尾吝。

象傳曰。濡其尾吝。亦不知極也。

初居未濟之始。象所云小狐汔濟濡其尾。初爻當之。未濟之初。與既濟之上。首

尾相接。既濟之上。以濡尾而屬。初躋其後。見上之濡首。反而自懲。未濟者。亦可

免於濡矣。乃前首後尾同遭其濡。頑不知戒。故曰咎也。象傳以亦不知極釋之。

謂前覆其轍。後又不知而蹈之。故曰亦不知其極也。

(占)問時運。不審前後。不顧進退。鹵莽從事。是昏而無知者也。○問營商。前既失

敗。後又不戒。覆轍相仍。其將何以了事乎。○問功名。龍頭既失。驥尾亦必難附。

○問婚姻。流離瑣尾。團聚難矣。○問家宅。此宅前門後戶。方位不正。○問疾病。

病在下身。○問六甲。生男。

(占例)友人某來請占製造物品生業如何。筮得未濟之睽。

爻辭曰。初六。濡其尾。吝。

斷曰。初居未濟之初。正在濟未將濟之時。既濟之終。濡其首。未濟之始。濡其尾。

有首尾不相顧之象。今君占製造生業。得此爻辭。知此業必是舊業。君接其後

而重興也。君乃不知前車之覆。貿然而蹈其後。以致製品所出。一時不能銷售。

以此貿金。反致失利。得失不償。進退兩難。幾同小狐汔濟。而濡其尾也。未免咎

矣。至二爻曰。曳其輪貞吉。在明年當以車運出外可以販賣獲利也。君可無憂
焉。

九二。曳其輪貞吉。

象傳曰。九二貞吉中以行正也。

二居坎之中。坎為輪。故曰輪。輪者。濟之具也。既濟初爻曰。曳輪而濡尾。有濟之
具而濡者也。此曰輪曳。而不曰濡尾。有濟之
矣。故曰貞吉。坎又為矯輮。按周禮考工記。行澤者反輮。行山者仄輮。取其便於
曳也。御輪濟水中道而行其濟以正。是為中行以正。吉何如之。象傳所釋。最為
明著。

(占)問時運。運如輕車渡水中道以濟。无往不利。○問營商。有滿載而歸之象。○
問功名。二與五應。五為君。二為臣。二五皆吉。是君臣相濟也。有後車以載之象。
○問戰征。有曳柴僞遁之謀。○問婚姻。有桓少君鹿車共挽之風。必得賢婦。吉。

○問家宅。有輪奐竝美之象。○問疾病必是胸腹作鳴。輾輾如車聲。宜開通三

焦使氣機舒展自愈。○問六甲生男。

(占例)明治八年九月朝鮮國砲擊我雲揚艦。物論洶洶。朝廷將興問罪之師。時

陸軍大佐某氏來請一占筮得未濟之晉。

爻辭曰。九二。曳其輪貞吉。

斷曰。水火不交。不相爲用謂之未濟。然未濟非不濟也。時未至則不濟。時至則

濟。故曰未濟亨。爲卦皆取水火旣濟水在火上。初爻曰曳其輪。是爲陸道之輪車

也。未濟火在水上。二爻曰曳輪。是爲海道之輪船也。今雲揚艦被朝鮮砲擊。爻

曰曳輪貞吉。想雖被擊。尚可曳輪而歸。故不失其吉也。象傳曰。中以行正言必

得中和之道以行其正。今年必不致搆怨與兵也。至三爻曰征凶利涉大川。恐

明年有事於朝鮮曰征凶者。恐陸軍不利曰利涉大川者。知海軍必大勝也。九

四曰貞吉悔亡震用伐鬼方三年有賞于大國。自二至四爲後年必可平定朝

鮮矣當以朝鮮土地屬我版圖以之賞賜有功諸藩。且二爻變而爲晉。晉者進

也。晉五日。失得勿恤。往吉。无不利。上曰。晉其角。維用伐邑。厲吉。无咎。是皆征討

有功之占也。占象如是。知以後征討必獲大功。但未濟以外卦為既濟。內卦為

將濟。占在二爻。故今年未能成事。必待外卦乃得全濟也。後朝鮮事局平和。征

討不與。於是某氏來曰。前日之占。事未甚驗。余曰。易占無不靈應。但所應有不

在一時也也。現雖歸和平。其中以行正一語。恰好符合。此後占象。君須緩以待之。

無不應也。

六三。未濟征凶。利涉大川。

象傳曰。未濟征凶。利涉大川。位不當也。

三爻以陰居陽。當內卦之交。首尾俱不着岸。故爻曰。未濟。專以卦名歸之。謂未

濟之所以未濟者。在此爻也。三爲坎之終。地當衝要。進一步。則出險。誤一步。即

履危。鹵莽前進。一經失足。功敗垂成。故曰征凶。然未濟有可濟之道。在險有出

險之時。自古定大難。建大功者。罔非徒征凶之時。而與起也。所謂征凶者。第戒

其不可妄動。非欲其退縮不前。三之地正當利涉之時正當利涉之時。

此而不濟則終不濟矣此而得濟則汔濟者乃得濟矣象傳曰位不當也未濟

六爻位皆不當三爲坎之主故傳專以不當釋之。

（占）問時運宜鎮靜待時躁動則凶〇問戰征宜會集海軍水陸竝進則凶者吉

矣〇問營商以舟運爲利〇問功名有涉川作楫之材〇問婚姻詩云造舟爲

梁親迎于渭迎娶則吉往贅則凶〇問疾病艮爲狐病由狐祟所致宜涉川以

避〇問六甲生男。

（占例）三十年占衆議院氣運筮得未濟之鼎。

爻辭曰九三未濟征凶利涉大川。

斷曰此卦火上水下水火不相爲用故曰未濟三爻居上下內外之交出坎入

離正當未濟之時是以爻辭直曰未濟曰征凶者指初之濡尾也曰利涉者指

二之曳輪也爲利爲凶任人自爲之耳傳則釋曰位不當於此即可見衆議院

之氣運矣蓋在政府欲效歐米之文明以圖富强在衆議員欲學歐米之自由。

以圖權利。猶之火上水下。兩不相濟也。且現時所選議員。多由賄賂而來。是明

明位之不當也。由此以往。安得不凶。故曰征凶。然於議院之設。苟當其位。而中

以行正。未始無利。故曰利涉大川。但此爻處坎之終。猶未出險。今年衆議院。正

當未濟之地。難期盛旺。四爻曰貞吉悔亡。震用伐鬼方三年有賞于大國。知明

年衆議院。必得其人能贊襄國家大事。榮邀厚賜此盛象也。五曰君子之光。五

為君。定當入觀天顏。武功文德。竝煥輝光矣。

九四貞吉。悔亡。震用伐鬼方三年有賞于大國。

象傳曰貞吉悔亡志行也。

未濟濟在四。既濟濟在三。未濟之四。即既濟之三。故爻辭皆曰伐鬼方。三居離

之始離為戈兵。故用伐坎為鬼。故取象於鬼方。震者威怒之象所謂一怒而安

天下之民也。未濟則有悔。濟則悔亡。故曰貞吉悔亡。三年者言其久也。即既濟

三爻所云三年克之也。有賞者為獻俘授馘飲至大賞是也。大國謂殷爻雖不

明言高宗要不出既濟三爻之義也。象傳曰志行。謂班師奏凱威震退方。主三

軍者國得行其志矣。既濟三爻傳曰慊也。爲勞師遠征而言。此傳曰志行爲振

旅告捷而言。

（占）問時運有三大運。悔亡貞吉名利俱全。○問戰征。率軍遠征。奏凱而還得以

榮邀錫命。○問營商。行商遠出財利豐盈。○問功名聲名遠震。得承天寵。○問

婚姻三年可成。○間家宅貞吉。○間疾病。鬼方二字不祥。三年後恐難保。○問

六甲。生女。

（占例）友人某來請占氣運。筮得未濟之蒙。

爻辭曰。九四貞吉悔亡。震用伐鬼方。三年有賞于大國。

斷曰。此卦下三爻爲未濟之時。上三爻爲既濟之時。今占得四爻。知年來困苦

之事。漸次可奏成功。謂之貞吉悔亡。震用伐鬼方。三年有賞于大國者。知君於

此三年中得以威名遠揚。賞錫榮膺。爲生平業成志滿之時也。

○明治二十七年冬至。謹占二十八年。

聖運。筮得未濟之蒙。

爻辭曰。九四貞吉悔亡。震用伐鬼方。三年有賞于大國。

斷曰。四爻當內外之交。出坎入離爲脫險難而進文明。是由未濟而底旣濟也。

今占得四爻。爻曰震用伐鬼方。是爲征淸之役。必得全勝也。三年者。謂戰役之

久。有賞于大國者。謂奏凱行賞也。廟算之精。聖武之顯。遠過湯武洵可謂萬年

有道之天子也。

六五。貞吉。无悔。君子之光。有孚吉。

象傳曰。君子之光。其輝吉也。

五爲未濟一卦之主。居離之中。與四相比。與二相應。二以居中行正。四以征伐

有功。當此文德昭明。武功顯著。臣下之勳業。要即爲天子之威光也。故曰君子

之光。柔得中。故貞吉无悔。離爲明。爲光。德莫盛於明。業莫大於光。六五之君和

順積中。英華發外。其光皆出於君子之身。天下莫不仰文明之化。故曰有孚吉。

象傳以暉吉釋之。謂其篤實輝光。自然顯著吉何如也。

（占）問時運運當全盛百事皆吉。○問戰征師卦曰師貞丈人吉可竝占之。○問營商其營業必關係政府公幹或爲軍餉或爲軍器得沾朝廷之餘澤故吉。○問功名有入觀天顏之象。○問家宅此宅大吉當邀旌錫之榮。○問婚姻必得君子好逑。○問六甲生女主貴。

（占例）某縉紳來。請占官階升遷筮得未濟之訟。

爻辭曰。六五貞吉。无悔君子之光有孚吉。

斷曰。五爻居離之中離爲日爲光五當君位。日有君象。故曰君子之光日光照臨下。土徧被故曰有孚。五與二應。二爲臣。是先得君子之光者也今貴下占祿位升遷得未濟五爻。五爲尊位二爻屬貴下二爻曰曳輪貞吉輪爲日輪曳輪者有如羲和御曰。是爲天子之近臣。沐浴聖化。瞻仰龍光。君明臣良可爲貴下賀焉。

上九。有孚于飲酒。无咎濡其首。有孚失是。

象傳曰。飲酒濡首。亦不知節也。

上爻當未濟之終。反為既濟。坎險已脫。上下交孚。則飲食以燕樂之。詩南有嘉魚。君子有酒。嘉賓式燕以樂。序曰太平君子至誠。樂與賢者共之。有孚於酒食之義也。故无咎。然酒以成禮。不及於亂立監立史。所以示其節也。濡其首則醉而不出。是謂伐德。亦何取於孚矣。故曰有孚失是。是始為有孚而飲酒者繼反為飲酒而失孚也。象傳以不知節釋之。易之為書。患太過。更甚於防不及。欲不可從樂不可極。持盈保泰。無非節也。此特於未濟之終。借飲酒以為喻耳。

（占）問時運坎難已平。眾心歡樂。能知撙節。可以永保无咎。○問戰征。此為得勝班師。飲酒策勳之時也。○問營商。已得厚利而歸。從此量入為出。富可永保矣。○問功名。有得而復失之患。○問疾病。必是飲食不節所致。○問訟事。序卦曰。飲食必有訟。知其訟必由於酗酒來也。○問六甲。生女。

（占例）二十八年七月廿七日薄暮。余與友閒叙于書樓。偶聞有叫新聞號外者。客曰。號外所報。不審何事。君試占之。筮得未濟之解。

爻辭曰。上九。有孚于飲酒无咎。濡其首有孚失是。

斷曰。號外所報必因飲酒過度。醉溺水中之禍也。時女僕適齋號外來。展而閱之。爲山陽鐵道汽車顚覆中途。致傷旅客之報也。後數日。會該鐵道會社員問及當時情況曰會風雨暴作勸令止車機關師某不肯臨行且滿酌火酒啓車而進猝罹此禍因此傷命云。乃知爻辭果不虛也。

易六十四卦。上經首乾坤。終坎離下經首咸恒。終旣未濟。咸恒爲夫婦。由乾坤而生也。旣未濟爲水火由坎離而化也。其變萬殊其旨一也。乾道尚虛坤道尚實。坎象中實離象中虛。易始於虛亦終於虛。虛則靈。靈則變化神焉交互錯綜。循環反復始而復終終而復始究之無所謂始。無所謂終。無所謂虛。無所謂實。變動不居周流六虛易之妙用無非以此虛靈二氣運用於三百八十四爻之中而已矣。

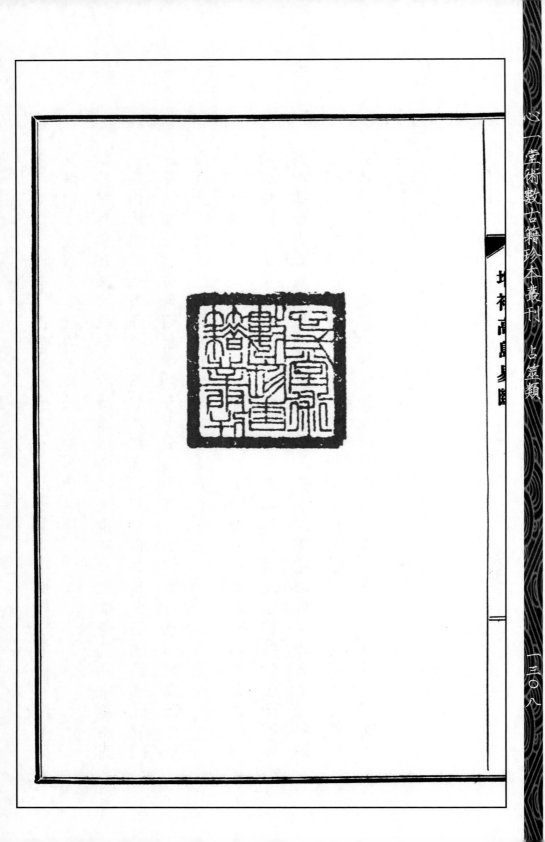

高島易斷跋

余聞高島君之名久矣。今茲庚辰五月。君忽訪弊廬。一見而知其

爲雄偉非常之士。聽其談易理及生平行事。不自覺膝之前席也。

嘗有罪入獄偶得周易一冊。喜曰此天賜也。盡讀夜思。爛熟貫通。

七年而出獄君如身生羽翼奮曰吾出萬死而得一生矣自今吾

唯當勇于行善而已。乃開市廛於橫濱勤於作事能乘機會性又

忍耐四年間。獲金巨萬。然其所入。盡用諸義舉。不以絲毫自爲。退

守計。苟利於人。則進而當其勞苦。每見善事則必著之先鞭。始造

鐵路。自橫濱至神奈川。以納于官。嘗有洋商謀將設街燈於橫濱。

君先機而造之。終不使贏利歸於彼。常留心觀天下之變。預卜其

將來。故當其處事孔棘他人惴惴束手無措而君智謀橫發游刃

有餘。當事之難。決。則筮之。其解說奇中。揆諸人事。大小皆驗此書

可見其梗槪也。抑君之勇於爲善。而致此福運。豈無其因哉。令尊

藥師寺嘉兵衛。常陸新治郡人。好行善。德誼濟衆。天保年間。東奥

大饑。令尊告閑叟鍋島公。請救之。其綱紀誠實。遂運輸肥前米於

盛岡六十萬生靈。賴以全活。蓋其德格天人矣。嗚呼。天欲授福報

於君。先以牢獄。爲之學校。畀患苦。成其材器。使生行善之勇氣。自

今以往。其所爲。灼々在人耳目者。旣不勝書。自今而後。其進而行

善。豈有所底極哉。君囑余。跋其卷尾。余因述所聞于君。以諗讀是

書者。

敬宇　中村正直撰